Rubens Gomes Corrêa

Redução de Danos e Reinserção Social
Desafios, Processos e Estratégias na Dependência Química

1ª Edição

érica | Saraiva

Dados Internacionais de Catalogação na Publicação (CIP)
(Câmara Brasileira do Livro, SP, Brasil)

Corrêa, Rubens Gomes
Redução de danos e reinserção social: desafios, processos e estratégias na dependência química/ Rubens Gomes Corrêa. – 1. ed. – São Paulo: Érica, 2014.

Bibliografia
ISBN 978-85-365-0847-4

1. Dependência química - Tratamento 2. Drogas - Aspectos social 3. Drogas - Consumo 4. Drogas - Prevenção 5. Políticas públicas 6. Toxicomania 7. Toxicômanos - Reabilitação I. Título.

14-07459   CDD-362-29.

Índices para catálogo sistemático:
1. Dependentes químicos: Reabilitação: Problemas sociais   362-29

Copyright © 2014 da Editora Érica Ltda.
Todos os direitos reservados. Nenhuma parte desta publicação poderá ser reproduzida por qualquer meio ou forma sem prévia autorização da Editora Érica. A violação dos direitos autorais é crime estabelecido na Lei nº 9.610/98 e punido pelo Artigo 184 do Código Penal.

Coordenação Editorial:	Rosana Arruda da Silva
Capa:	Maurício S. de França
Edição de Texto:	Beatriz M. Carneiro, Silvia Campos
Preparação de Texto:	Juliana Leme
Ilustrações:	Carlos Alberto de Sousa
Produção Editorial:	Adriana Aguiar Santoro, Dalete Oliveira, Graziele Liborni, Laudemir Marinho dos Santos, Rosana Aparecida Alves dos Santos, Rosemeire Cavalheiro
Produção Digital:	Alline Bullara
Editoração:	Ponto Inicial Estúdio Gráfico

O Autor e a Editora acreditam que todas as informações aqui apresentadas estão corretas e podem ser utilizadas para qualquer fim legal. Entretanto, não existe qualquer garantia, explícita ou implícita, de que o uso de tais informações conduzirá sempre ao resultado desejado. Os nomes de sites e empresas, porventura mencionados, foram utilizados apenas para ilustrar os exemplos, não tendo vínculo nenhum com o livro, não garantindo a sua existência nem divulgação. Eventuais erratas estarão disponíveis para download no site da Editora Érica.

Conteúdo adaptado ao Novo Acordo Ortográfico da Língua Portuguesa, em execução desde 1º de janeiro de 2009.

A ilustração de capa e algumas imagens de miolo foram retiradas de <www.shutterstock.com>, empresa com a qual se mantém contrato ativo na data de publicação do livro. Outras foram obtidas da Coleção MasterClips/MasterPhotos© da IMSI, 100 Rowland Way, 3rd floor Novato, CA 94945, USA, e do CorelDRAW X5 e X6, Corel Gallery e Corel Corporation Samples. Copyright© 2013 Editora Érica, Corel Corporation e seus licenciadores. Todos os direitos reservados.

Todos os esforços foram feitos para creditar devidamente os detentores dos direitos das imagens utilizadas neste livro. Eventuais omissões de crédito e copyright não são intencionais e serão devidamente solucionadas nas próximas edições, bastando que seus proprietários contatem os editores.

Seu cadastro é muito importante para nós
Ao preencher e remeter a ficha de cadastro constante no site da Editora Érica, você passará a receber informações sobre nossos lançamentos em sua área de preferência.
Conhecendo melhor os leitores e suas preferências, vamos produzir títulos que atendam a suas necessidades.

Contato com o editorial: editorial@editoraerica.com.br

Editora Érica Ltda. | Uma Empresa do Grupo Saraiva
Rua São Gil, 159 - Tatuapé
CEP: 03401-030 - São Paulo - SP
Fone: (11) 2295-3066 - Fax: (11) 2097-4060
www.editoraerica.com.br

Agradecimentos

Fico feliz em poder escrever e ensinar o que ao longo dos últimos 30 anos conheci e aprendi sobre as dependências e as drogas e a desgraça que ela tem causado na vida de muitas pessoas. Agradeço a Deus por me trazer até aqui junto a vocês para dividir sobre este tema e problema e, quem sabe, poder ser mais um a ajudá-los a trabalhar nesta carente área. Agradeço ao meu pai (Zezinho) e a minha mãe (Romilda – *in memoriam*), minhas queridas filhas Letícia e Jaqueline, e a minha amada esposa Lúcia Cristina pelo apoio, companheirismo e amor que tem me dado ao longo destes anos. Aos meus irmãos, Dináh, Rafael e Francisco, ao meu fiel amigo João Luis, ao meu orientador do doutorado em Educação prof. Dr. Enrique Martinez Larrechea, a minha querida amiga e co-orientadora Guiomar Martins e atualmente minha atual amiga e companheira de muitas conversas, professora Sakiko. São eles que me dão forças para que eu continue neste caminhar, espalhando um pouquinho da luz a iluminar na escuridão.

Sobre o autor

Possui Graduação em Enfermagem pela PUC-PR (1988). Mestrado em Assistência de Enfermagem pela UFPR (2000) com o tema: Visualizando Possibilidades de Recuperação do Usuário de Drogas em Grupos Focais. Doutorado em Educação pela UDE – Universidade de La Empresa no Uruguai, Montevidéu (2014) com o tema: Espiritualidade na Recuperação em Comunidades Terapêuticas. Realizou os Cursos de Pós-Graduação em Didática do Ensino Superior pela PUC-PR (1993); Curso de Pós-Graduação em Gestão em Saúde pela PUC (2002); Gestão em Saúde Pública pela Facel (2013); Curso Técnico em Reabilitação de Dependentes Químicos pela Escola Técnica da UFPR (2006). Atuação Profissional: Hospital de Clínicas da Universidade Federal do Paraná (1993-2006); Hospital Universitário Cajuru da PUC/PR (1989-2002); Centro Universitário Campos de Andrade (2003-2007). Professor de Pós-Graduação: Isepe; Atualise; IBPex; Graduação na PUC-PR e Universidade Tuiuti do Paraná. Coordenador dos Cursos: Técnico de Vigilância em Saúde; Curso Técnico em Reabilitação de Dependentes Químicos e Técnico em Agente Comunitário de Saúde. Autor de seis livros para os Cursos de Educação a Distância. Elaborou o Projeto Político Pedagógico dos cursos técnicos de: Reabilitação de Dependentes Químicos, Curso Técnico em Enfermagem e Curso Agente Comunitário de Saúde, ambos em EaD. Atuou como Coordenador do Curso de Enfermagem da Faculdade Dom Bosco (2010-2013). Elaborou o Projeto do Curso de Enfermagem nas Faculdades Santa Cruz e foi coordenador por 2 anos e 9 meses da mesma faculdade. Elaborou o Projeto do Curso de Enfermagem na Faculdade Dom Bosco onde trabalhou como coordenador e professor. Diretor da Dedus - Desenvolvimento Educação e Saúde Consultoria. Prestou assessoria e implantou mais de 20 projetos e Programas de Saúde em mais de 10 municípios do Rio Grande do Sul, Paraná e Espírito Santo.

Sumário

Capítulo 1 – Drogas: Concepções 13
    1.1 Conceitos básicos 13
    1.2 O que é droga? 15
    1.3 O que é dependência? 17
    Agora é com você! 20

Capítulo 2 – Histórico das Drogas I 21
    2.1 História das drogas antes de Cristo 21
    2.2 Então o que aconteceu para que, com o passar dos anos, o uso dessas mesmas drogas trouxesse tantos problemas sociais? 22
    2.3 Uso abusivo de substâncias 22
    2.4 O consumo de drogas 22
    2.5 Maconha 25
    Agora é com você! 26

Capítulo 3 – Histórico das Drogas II 27
    3.1 Cocaína 27
    3.2 Anfetamina 28
    3.3 Cachaça 28
        3.3.1 A influência da religião antes de Cristo 29
        3.3.2 Técnica da destilação 30
        3.3.3 Revolução Industrial e a produção de bebidas 30
    3.4 Codeína 31
    3.5 Tabaco 31
    Agora é com você! 32

Capítulo 4 – Classificação das Drogas 33
    4.1 Significados 33
    4.2 Drogas psicotrópicas ou substâncias psicoativas 34
    4.3 Classificação das substâncias psicoativas (SPA) 34
        4.3.1 Classificação legal 34
    4.4 Consumo de drogas ilícitas 35
    4.5 Abuso de substâncias 36
    Agora é com você! 36

Capítulo 5 – Drogas Depressoras do Sistema Nervoso Central...37

    5.1 Mecanismos cerebrais do uso de drogas..37

    5.2 Substâncias depressoras da atividade mental..38

        5.2.1 Álcool...38

        5.2.2 O álcool e os neurotransmissores 38

        5.2.3 Barbitúricos..39

        5.2.4 Benzodiazepínicos 39

        5.2.5 Opioides 40

        5.2.6 Classificação dos opioides...40

        Agora é com você! 42

Capítulo 6 – Drogas Estimulantes do Sistema Nervoso Central 43

    6.1 Tipos de drogas estimulantes 43

    6.2 Efeitos físicos agudos dos estimulantes após uma dose...44

    6.3 Anoréticos...44

    6.4 Efeitos físicos agudos com o uso contínuo dos estimulantes após uma dose..................44

    6.5 Efeitos psíquicos agudos com o uso contínuo dos estimulantes 44

    6.6 As substâncias mais comuns de efeito estimulante 45

    6.7 Informações importantes sobre anfetaminas 45

    6.8 Outros efeitos das anfetaminas 45

    6.9 Abuso de drogas leva a ejaculação precoce, redução de libido e impotência 46

    6.10 Cocaína 46

    6.11 Cocaínas, pasta de coca, crack, merla 46

    6.12 Efeito da droga no cérebro 47

    6.13 Efeitos tóxicos da cocaína 47

    6.14 Efeitos da metanfetamina 48

    Agora é com você!..48

Capítulo 7 – Drogas Perturbadoras da Atividade do Sistema Nervoso Central 49

    7.1 Drogas perturbadoras da atividade mental 49

    7.2 Breve histórico das drogas perturbadoras do SNC 50

    7.3 Maconha...50

    7.4 Alucinação 50

    7.5 Psicomiméticos 51

    7.6 Intoxicações e outros sintomas pelo uso da maconha 51

        7.6.1 Intoxicação pelas drogas perturbadoras da atividade mental 51

  7.6.2 Pânico agudo..52

  7.6.3 *Delirium* 52

 7.7 Experiências recorrentes com drogas ou flashbacks 52

 7.8 Abstinência 53

 Agora é com você! 54

Capítulo 8 – Drogas Perturbadoras – Alucinógenos e Estimulantes da Atividade do Sistema Nervoso Central 55

 8.1 Alucinógenos 55

 8.2 Dietilamida do ácido lisérgico: LSD 55

 8.3 Ecstasy (3,4-metileno-dioximetanfetamina ou MDMA) 56

 8.4 Anticolinérgicos 56

 8.5 Cacto (peyote) 56

 8.6 Cogumelo 57

 8.7 Tabaco 58

 8.8 Cafeína 58

 8.9 Chocolate 59

 8.10 Esteroides anabolizantes 59

 Agora é com você! 60

Capítulo 9 – Legislação e Política Públicas Sobre Drogas 61

 9.1 Responsabilidade compartilhada 62

 9.2 Definição de política pública 62

 9.3 Os setores envolvidos 63

 9.4 Modalidade de políticas públicas 63

  9.4.1 Quanto à natureza ou grau da intervenção 64

  9.4.2 Quanto à abrangência dos possíveis benefícios 64

  9.4.3 Quanto aos impactos que podem causar 64

 9.5 Políticas públicas setoriais 65

 9.6 Políticas públicas e o controle social 66

 Agora é com você! 68

Capítulo 10 – Construção de Políticas Públicas Sobre Drogas 69

 10.1 Construção de uma política pública 69

 10.2 Política sobre drogas no Brasil 70

 10.3 A experiência internacional 71

 10.4 Os aspectos multifatoriais 72

 10.5 Visão interdisciplinar 73

10.6 A necessidade de uma política pública sobre drogas 74

10.7 Alguns exemplos de políticas públicas sobre drogas 75

10.8 Legislações específicas sobre drogas...77

Agora é com você!..78

Capítulo 11 – Internação Compulsória..79

11.1 Introdução 79

11.2 Definições 80

11.3 Discussões sobre internações de usuários 80

11.4 Caso a caso..81

11.5 Contenção física dos pacientes em quadro de agitação psicomotora.................................83

11.6 Conflitos e desafios...85

Agora é com você!..86

Capítulo 12 – Comunidades Terapêuticas...87

12.1 O código essênio...87

12.2 Atitudes impostas na antiguidade 88

12.3 Os *therapeutrides* em Alexandria..88

12.4 Histórico das Comunidades Terapêuticas 89

12.5 Influências religiosas 89

12.6 A Comunidade Terapêutica no mundo e no Brasil..92

12.7 Missão e objetivos da FEBRACT – Federação Mundial das Comunidades Terapêuticas 93

12.8 Algumas Comunidades Terapêuticas no Brasil 93

12.9 O trabalho nas Comunidades Terapêuticas 93

Agora é com você!..96

Capítulo 13 – Elementos Essenciais da Comunidade Terapêutica 97

13.1 Elementos essenciais básicos da Comunidade Terapêutica..97

    13.1.1 Elementos essenciais necessários das CTs para dependentes químicos 99

    13.1.2 Os elementos essenciais da CT..100

13.2 Comunidade Terapêutica: teoria – concepção 100

13.3 A hierarquia de funções de trabalho dos residentes nas CTs..102

13.4 Privilégios na perspectiva e na abordagem da CT 102

13.5 Reuniões na perspectiva e na abordagem da CT 103

    13.5.1 A reunião da casa 103

13.6 Métodos...103

13.7 Condução da reunião da casa 103

Agora é com você!..104

Capítulo 14 – Reinserção Social ... 105

14.1 As relações familiares e a prevenção ... 106

14.2 Medidas preventivas após o tratamento ... 107

14.3 Projeto de vida ... 108

    14.3.1 Premissas do projeto de vida ... 109

    14.3.2 Desenho do projeto de vida ... 109

14.4 Aspectos familiares ... 110

14.5 Aspectos profissionais ... 110

14.6 Aspectos econômicos e financeiros ... 111

14.7 Aspectos comunitários ... 112

14.8 Aspectos espirituais ... 112

14.9 Observações importantes ... 113

Agora é com você! ... 114

Capítulo 15 – Redução de Danos - RD ... 115

15.1 Breve histórico sobre redução de danos ... 116

15.2 Contexto atual ... 117

15.3 Estratégias de redução de danos ... 117

15.4 Estratégias usadas com vistas ao controle das drogas ... 118

15.5 Principais desafios ... 118

15.6 Programa de redução de danos ... 119

Agora é com você! ... 120

Capítulo 16 – CAPS – Centro de Atenção Psicossocial ... 121

16.1 Introdução ... 121

16.2 Princípios da articulação entre saúde mental e atenção básica ... 122

16.3 CAPS e ESF ... 123

16.4 Estratégias de intervenção ... 124

Agora é com você! ... 126

Capítulo 17 – Como Funcionam os CAPS ... 127

17.1 Quem pode ser atendido no CAPS ... 128

17.2 Modalidades de atendimento do CAPS ... 128

17.3 Funções do CAPS ... 129

17.4 CAPS I ... 130

17.5 CAPS II ... 130

17.6 CAPS III ... 130

17.7 CAPSi 131

17.8 CAPS ad II 131

17.9 CAPS ad III 131

Agora é com você! 132

Capítulo 18 – Rede de Atenção em Saúde Mental 133

18.1 Unidades Básicas de Saúde/Equipes de Saúde da Família 133

18.2 Núcleo de Apoio à Saúde da Família – NASF 134

18.3 Ambulatórios 135

18.4 Hospital-dia 135

18.5 Leitos de atenção integral 135

18.6 Unidades de Acolhimento Transitório – UAT 136

18.7 Serviços Residenciais Terapêuticos – SRT 137

18.8 Programa de Volta para Casa 137

18.9 Centros de Atenção Psicossocial – CAPS 137

Agora é com você! 138

Capítulo 19 – Serviços de Acolhimento 139

19.1 Modalidades das unidades de acolhimento 140

19.2 Portaria GM nº 130, de 26 de janeiro de 2012 140

19.3 Características 141

19.4 Tempo de permanência de um mesmo paciente no acolhimento noturno 141

19.5 Equipe mínima para atendimento nas unidades de acolhimento 141

19.6 Portaria nº 131, de 26 de janeiro de 2012 142

19.7 Portaria GM nº 3090, de 30 de dezembro de 2011 143

Agora é com você! 145

Capítulo 20 – A Família na Reabilitação 147

20.1 Abordagem terapêutica 148

20.2 O impacto das drogas na família 149

20.3 Atuação da família no processo de recuperação 149

20.3.1 Por que é tão difícil a recuperação do dependente químico? 150

Agora é com você! 152

Bibliografia 153

Apresentação

Este livro foi estruturado para que você conheça e entenda não apenas sobre os aspectos básicos da droga e suas complicações, mas que possa complementar o saber e saiba agir no que se refere à dependência química. Este livro traz como conteúdo as noções sobre droga, consumo, efeitos, legislação e classificação, mas, acima de tudo, sobre a rede de atendimento que possibilita o tratamento da doença da dependência química e sobre a redução de danos e a reinserção social.

O conteúdo foi preparado de forma bastante prática para facilitar a sua compreensão. Nele estão contidos os principais elementos relacionados à droga e à dependência de substâncias psicoativas, desde as primeiras informações e relatos históricos sobre a existência das drogas, passando por informações técnicas e instrumentais para facilitar o estudo e o seu conhecimento. Gosto de frisar que o ensino tem de servir não somente para uma profissão ou para o trabalho, mas fundamentalmente deve servir para a vida.

No primeiro capítulo, vocês conhecerão os conceitos básicos do processo de reabilitação de dependentes químicos, as definições e as diferenças entre as drogas lícitas e ilícitas e dependência química.

No segundo capítulo, serão estudados os registros das descobertas e dos primeiros usuários de substâncias psicoativas e as principais datas e eventos históricos.

No terceiro capítulo, vocês estudarão sobre a cocaína, as anfetaminas, e conhecerão um pouco sobre a cachaça, que era usada com fins medicinais.

No quarto capítulo, os tipos de drogas serão identificados, suas classificações e ações.

No quinto capítulo, vocês saberão quais são as substâncias depressoras da atividade mental, como elas atuam e como ocorre o funcionamento dessa droga dentro do cérebro, por meio da sinapse e neurotransmissão. Por fim entenderão não somente o mecanismo de ação, mas o comportamento das pessoas que usam este tipo de substância depressora.

No sexto capítulo vocês conhecerão as substâncias depressoras da atividade mental: os benzodiazepínicos, opioides e a classificação sobre os solventes e as drogas inalantes.

No sétimo capítulo vocês estudarão as substâncias perturbadoras das atividades mentais.

O oitavo capítulo falará sobre as drogas alucinógenas, também conhecidas como drogas perturbadoras da atividade do sistema nervoso central.

No nono capítulo, vocês estudarão sobre a legislação e as políticas sobre drogas, mais especificamente como as políticas e as legislações são construídas.

O décimo capítulo explicará sobre a construção e as etapas para elaboração das políticas sobre drogas, a identificação dos problemas e a formulação destas políticas para solucioná-los. Conheceremos as principais políticas sobre drogas no Brasil e algumas experiências internacionais.

Internação compulsória, os conflitos e desafios de internações de usuários de crack e os cuidados na contenção dos pacientes agitados serão discutidos no décimo primeiro capítulo.

No décimo segundo capítulo, serão estudadas as raízes das Comunidades Terapêuticas no mundo e no Brasil; os principais grupos que iniciaram os trabalhos na área da dependência e reabilitação de drogas até chegar à Febract – Federação Mundial das Comunidades Terapêuticas.

O décimo terceiro capítulo abordará o funcionamento e os elementos essenciais das Comunidades Terapêuticas como: o compartilhar, a honestidade, as mudanças, a atenção na pessoa e a hierarquia, bem como as tarefas, a organização, o ambiente físico, os privilégios, as reuniões e os estudos.

O décimo quarto capítulo explicará sobre reinserção social, as relações familiares, grupos de autoajuda, abordagem cognitivo-comportamental, terapia familiar, entre outros assuntos relacionados, tais como mudança do estilo de vida.

No décimo quinto capítulo a redução de danos, as estratégias, as alternativas e os principais desafios deste programa serão abordados. Outro ponto estudado neste capítulo será a vulnerabilidade individual, social e programática de quem usa drogas e as alternativas deste programa.

Serão demonstrados como funcionam os Centros de Atenção Psicossocial – CAPS – no décimo sexto capítulo e também como ocorre a articulação entre eles e os demais serviços. Vocês aprenderão sobre os princípios da articulação entre saúde mental e atenção básica, CAPS e ESF e, por fim, as estratégias de intervenção, as reuniões e as visitas domiciliares promovidos por este centro.

No décimo sétimo capítulo, vocês verão um pouco mais sobre o funcionamento do CAPS, verificando quem pode ser atendido e todos os tipos de atendimento: intensivo, semi-intensivo e atendimento não intensivo, e, por fim, estudaremos as funções do CAPS e as diversidades deste tipo de assistência à saúde.

No décimo oitavo capítulo serão abordados os conceitos de rede de atenção à saúde mental e como esta rede é composta desde as Unidades Básicas de Saúde, as Equipes de Saúde da Família, o Núcleo de Apoio à Saúde da Família – NASF, Ambulatórios, Hospital-Dia, Leitos de Atenção Integral, Unidades de Acolhimento Transitório – UAT –, Serviços Residenciais Terapêuticos – SRT – e o Programa de Volta para Casa.

As Portarias do Governo Federal, que tratam do plano de atendimento e internação dos usuários de drogas e o Plano de Acolhimento, que devem compor a rede de cuidados, serão abordados no décimo nono capítulo. Além disso, serão explicados as modalidades das unidades de acolhimento, suas características, tempo de permanência de um mesmo paciente no acolhimento noturno e a equipe mínima para atendimento de cada turno.

No vigésimo capítulo, serão abordados o papel da família no processo de recuperação do usuário de drogas e as diferentes formas de se encarar a dependência química observadas nas dinâmicas familiares e como cada uma delas pode contribuir para o sucesso do tratamento.

Lembre-se, o conhecimento compete exclusivamente a você. Para se tornar um excelente profissional você deverá estudar com zelo, dedicação e compromisso com o material didático, com você mesmo e com a sociedade. Você certamente fará diferença não apenas na vida do usuário, mas também nas famílias que estão envolvidas com a dependência das substâncias psicoativas.

Boa sorte e tenha um excelente estudo!

O autor

Drogas: Concepções

Para começar

O objetivo é definir alguns conceitos básicos que são extremamente importantes e que servirão como alicerce para uma maior compreensão de todo o processo de reabilitação de dependentes químicos. Apresentaremos a definição de drogas, a diferença de drogas lícitas e ilícitas e dependência. Neste capítulo ainda abordaremos sobre a maconha e o álcool e apresentaremos um estudo sobre as consequências destas drogas e, por final, um quadro sobre o crack nos municípios brasileiros.

1.1 Conceitos básicos

Droga é uma designação genérica dada a todo o tipo de substância natural ou sintética, que ao ser introduzida no organismo provoca mudanças físicas ou psíquicas.

Nas áreas de medicina e farmacologia, droga é qualquer substância que previne ou cura doenças ao causar alterações fisiológicas nos organismos. No sentido corrente, o termo "droga" refere-se, em geral, às substâncias ilícitas que provocam dependência por afetar o SNC (sistema nervoso central) e modificam as sensações e o comportamento do indivíduo. Substâncias lícitas são aquelas permitidas por lei, como o álcool, o tabaco e os medicamentos que possuem tarja preta na sua embalagem, no entanto, lícitas ou ilícitas, não deixam de ser prejudiciais e causar problemas de saúde.

Denominando de entorpecentes ou narcóticos, as drogas podem ser divididas em:

» Naturais: produzidas a partir de plantas, por exemplo, da planta *Cannabis sativa* se extrai a maconha e da flor da papoula se obtém o ópio.

» Semissintéticas: produzidas a partir de drogas naturais, porém passam por processos químicos em laboratórios. Exemplo: crack, cocaína, heroína etc.
» Sintéticas: são totalmente produzidas em laboratórios seguindo técnicas específicas. Exemplo: ecstasy, LSD, anfetamina etc.

Os usuários dessas drogas podem ser classificados de acordo com a experiência e o consumo em: experimental, ocasional, habitual ou dependente. Existem ainda os usuários de abuso e os usuários crônicos, que usam drogas de forma compulsiva.

Em geral, as drogas possuem elevada capacidade de causarem dependência química ou psicológica no indivíduo, e podem levar à morte em caso de consumo excessivo (overdose ou lentamente ao longo de anos de uso, como é o caso do tabaco e o álcool.).

tratamento, mas também para estabelecer a credibilidade junto aos pacientes. É importante que os técnicos tenham mais conhecimento sobre farmacologia e sobre o uso das várias drogas psicoativas do que os pacientes. As drogas psicoativas são agentes de classe química singular que afetam a função cerebral e o comportamento de maneira complexa. Os efeitos dessas drogas e a alteração do humor não são absolutos, pois dependem muito de diferentes variáveis. Todos os efeitos da droga são dose-dependentes e variam de forma significativa dependendo da via de administração, da frequência e cronicidade do uso, da presença de outras substâncias, do estado físico e psicológico do usuário e do ambiente e das circunstâncias nos quais o uso ocorre. As diferentes categorias de drogas psicoativas – que serão discutidas neste livro – têm uma característica fundamental em comum: todas elas produzem alteração no humor e no estado mental, vivenciadas como suficientemente reforçadoras por grandes quantidades de indivíduos para garantir a repetição.

Figura 1.1 - Dependente de drogas em overdose, caído após ter utilizado diversos tipos de drogas.

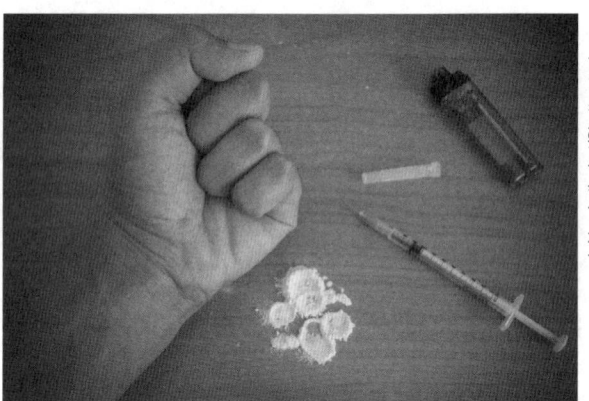

Figura 1.2 - Overdose por injetar a droga na veia.

A imagem tem a finalidade provocativa de despertar a necessidade de atendimento imediato ao usuário de drogas, independentemente do momento em que ele esteja, seja em euforia ou em estado de dormência pelo efeito da substância.

Os técnicos em reabilitação de dependentes químicos deverão ter uma compreensão tanto clínica como intuitiva das drogas psicoativas. Esse conhecimento é essencial não somente para o auxílio do diagnóstico e do planejamento do

Lembre-se

Dose-dependente: diz-se de determinado medicamento em que a dose utilizada está diretamente relacionada com os seus efeitos, quer de eficácia como de efeitos de menor importância.

A pessoa muitas vezes faz uso com outros colegas e todos utilizam a substância por via endovenosa (injetando na veia com uma seringa e agulha). O efeito é mais rápido e tem um poder de ação maior de prazer.

Algumas vezes, os efeitos de reforço dessas drogas são tão poderosos que eles impulsionavam usuários vulneráveis para padrões de uso habitual e compulsivo. Dessa forma, entender o funcionamento, a substância, o usuário e seus pares será essencial para você se tornar um excelente profissional.

1.2 O que é droga?

Figura 1.3 - Jovem em busca de prazer usando drogas. O prazer e a busca por novas experiências são a realidade nas festas, misturados com sexo. A substância na mesa é a cocaína e foi inalada.

Na imagem, o jovem está usando drogas, em busca de prazer. Cheirou cocaína (através das vias aéreas, nariz e pulmão a substância entra no corpo (sistema respiratório) e, em seguida, entra no sistema circulatório e vai direto ao cérebro). A euforia e o prazer acontecem por alguns minutos, trazendo vários tipos de sensações, como veremos em outros capítulos.

Vamos adotar como ponto de partida a definição do que é droga adotada pelo CEBRID (Centro Brasileiro de Informações sobre Drogas Psicotrópicas). Dessa forma, você estará sendo apresentado aos conceitos e definições mais importantes para sua construção profissional. Drogas são substâncias utilizadas para produzir alterações, mudanças nas sensações, no grau de consciência e no estado emocional. As alterações causadas por essas substâncias variam de acordo com as características da pessoa que as usa, com a droga que é utilizada e em que quantidade, com o efeito que se espera da droga e com as circunstâncias em que é consumida. Para a OMS (Organização Mundial de Saúde), droga é qualquer substância que, não sendo produzida pelo organismo, tem a propriedade de atuar sobre um ou mais de seus sistemas, produzindo alterações em seu funcionamento.

As drogas lícitas, segundo levantamento de 2005 do Centro Brasileiro de Informações sobre Drogas Psicotrópicas (CEBRID), são as mais consumidas e com o maior número de dependentes.

> **Lembre-se**
>
> **Drogas lícitas:** são aquelas legalizadas, produzidas e comercializadas livremente e que são aceitas pela sociedade. Os dois principais exemplos de drogas lícitas na nossa sociedade são o cigarro e o álcool. Outros exemplos de drogas lícitas: anorexígenos (moderadores de apetite), benzodiazepínicos (remédios utilizados para reduzir a ansiedade). Já a cocaína, a maconha, o crack, a heroína etc. são drogas ilícitas, ou seja, são drogas cuja comercialização é proibida pela legislação. Além disso, tais drogas não são socialmente aceitas.

Essas substâncias podem ser encontradas facilmente em qualquer festa. O álcool e o tabaco são considerados as portas de entrada para outras drogas.

Geralmente achamos que existem apenas algumas poucas substâncias extremamente perigosas: são essas que chamamos de drogas. Consideramos, também, drogas apenas os produtos ilegais como a maconha, a cocaína e o crack. Porém, do ponto de vista de saúde, muitas substâncias legalizadas podem ser igualmente perigosas, por exemplo, o álcool e o tabaco, que também são considerados drogas como as demais. Conceitualmente encontramos na literatura dois termos relacionados ao uso de substâncias: drogas lícitas e drogas ilícitas.

Figura 1.4 - Álcool – droga lícita.

Amplie seus conhecimentos

Assista ao filme *Cristiane F - 13 Anos, Drogada e Prostituída*, que conta a história de uma garota de 13 anos que se aproxima do terrível mundo das drogas. Primeiro é o álcool, depois a maconha. Assim, passo a passo, ela começa a mergulhar cada vez mais profundamente no submundo do vício e da prostituição, ficando à beira da morte. Relacione as drogas que ela usa e depois os efeitos que passa a sentir ao usar cada tipo de droga.

Você poderá saber mais sobre o uso de maconha e doenças psiquiátricas lendo o artigo em: http://www.uniad.org.br/desenvolvimento/images/stories/publicacoes/texto/selecoes_maconha/Uso_de_maconha_e_doencas_psiquiatricas.pdf

Atualmente existe uma discussão sobre a liberação do uso de algumas drogas, como é o caso da maconha. Há duas correntes que discutem a liberação: um lado afirma que se a droga for liberada as pessoas irão diminuir o uso e irão consumir uma substância que poderá ser controlada e garantir a qualidade, pois hoje não se tem garantia da procedência e da pureza da substância. Por outro lado, especialistas alegam os problemas causados pela maconha, como a probabilidade de transtornos mentais tais como a esquizofrenia.

Figura 1.5 - O uso da maconha é a porta de entrada para outras drogas.

O uso da maconha vem acompanhado de sintomas como sonolência, diminuição da atividade intelectual e aumento do apetite, dentre outros sintomas psíquicos que veremos adiante em outros capítulos. Portanto, ela é considerada como uma droga ilícita e porta de entrada para o uso de outras substâncias psicoativas.

É importante ressaltar que não é pelo fato de serem lícitas que essas drogas são pouco ameaçadoras. O alerta é da Organização Mundial da Saúde (OMS). Segundo o órgão, as drogas ilícitas respondem por 0,8% dos problemas de saúde em todo o mundo, enquanto o cigarro e o álcool, juntos, são responsáveis por 8,1% desses problemas.

Figura 1.6 - Jovem após o uso de álcool – efeitos.

Nesse sentido, muitos questionam a aceitação, por parte da sociedade, das drogas lícitas, uma vez que elas são prejudiciais para a saúde e também causam dependência nos usuários. Assim, o critério de legalidade ou não de uma droga é historicamente variável e não está relacionado, necessariamente à gravidade de seus efeitos. Alguns até mesmo afirmam que esse critério é fruto de um jogo de interesses políticos e, sobretudo, econômicos.

Amplie seus conhecimentos

O efeito do álcool sobre o humor varia de pessoa para pessoa, e a maioria delas torna-se mais ruidosa e desembaraçada. Alguns, contudo, ficam mais morosos e contidos. Em níveis elevados de intoxicação, o humor tende a ficar instável, com euforia, melancolia, agressão e submissão. O desempenho intelectual e motor e a discriminação sensitiva são também prejudicados. O álcool gera uma sensação de calor; aumenta a saliva e o suco gástrico. O uso frequente pode gerar lesão no estômago e gastrite crônica. Fonte: <http://www.portalsaofrancisco.com.br/alfa/alcoolismo/efeitos.php>.

Minutos após ingestão de álcool, o indivíduo fica agitado e desinibido, porém passando os efeitos a reação tende a voltar ao que era e há um estado de compensação do cérebro, deixando a pessoa sonolenta e, muitas vezes, deprimida.

1.3 O que é dependência?

Amplie seus conhecimentos

A função das drogas no sistema nervoso pode ser estuda mais detalhadamente no texto Drogas e sistema nervoso no site: <http://crv.educacao.mg.gov.br/sistema_crv/banco_objetos_crv/Drogas_e_sistema_nervoso.pdf> onde você conhecerá na página 17 do texto indicado as características das drogas, segundo os efeitos imediatos (positivos e negativos) e efeitos tardios do consumo.

Tolerância é quando há a necessidade de a pessoa utilizar a droga mais vezes a fim de sentir os mesmos efeitos anteriores, ou seja, ela vai usar mais e mais para sentir os efeitos necessários para seu prazer.

Assim, para continuarmos a construir um aprendizado sólido, analisaremos a seguir o que é dependência. Dependência é o impulso que leva a pessoa a usar uma droga de forma contínua (sempre) ou periódica (frequentemente) para obter prazer. Alguns indivíduos podem também fazer uso constante de uma droga para aliviar tensões, ansiedades, medos, sensações físicas desagradáveis etc. O dependente caracteriza-se por não conseguir controlar o consumo de drogas, agindo de forma impulsiva e repetitiva. Se perguntássemos a uma determinada população sobre a utilização de drogas, a grande maioria teria afirmado que nunca usou. Isso porque se esquecem das drogas legalizadas, as chamadas drogas lícitas, principalmente o álcool e o tabaco.

Figura 1.7 - Tolerância – prisão ao vício do álcool.

Amplie seus conhecimentos

Para saber mais sobre as drogas psicotrópicas você poderá acessar o link do CEBRID e conhecer mais sobre as substâncias psicotrópicas (Livreto Informativo sobre Drogas Psicotrópicas) em: <http://200.144.91.102/sitenovo/conteudo.aspx?cd=644>.

Quando pensamos em drogas, vêm a nossa mente as substâncias com potencial de danos à saúde, como cocaína, crack e maconha, drogas ilícitas, entre outras. Mas devemos lembrar que existem substâncias que causam dependência como o álcool e o tabaco, mas também podem causar dependência a comida, o sexo, a internet e compras. Isso pode acontecer porque a maconha, o crack e a cocaína têm substâncias cujo uso é proibido em nosso país, as chamadas drogas ilícitas (não ilegais).

Figura 1.8 - O tabaco também é droga – substância que provoca vício.

Figura 1.9 - Cachimbo usado para fumar crack.

Esse é um modelo de utensílio para utilização do crack, chamado de cachimbo. Coloca-se a pedra do crack em uma de suas extremidades, aquece-se embaixo da pedra, e assim a pessoa aspira a substância produzida pela queima da pedra.

O álcool e o tabaco têm seu uso permitido para maiores de 18 anos e estão presentes em nossas vidas desde muito cedo. O uso de drogas geralmente se inicia na infância e na adolescência com drogas legalizadas. O álcool é o principal, seguido pelo tabaco. Esse início se faz no ambiente doméstico, no ambiente familiar, em festas, até religiosas, como numa festa junina, casamentos e batizados. E aí começa o interesse maior daquelas pessoas que têm o prazer maior e em especial com o uso dessas drogas.

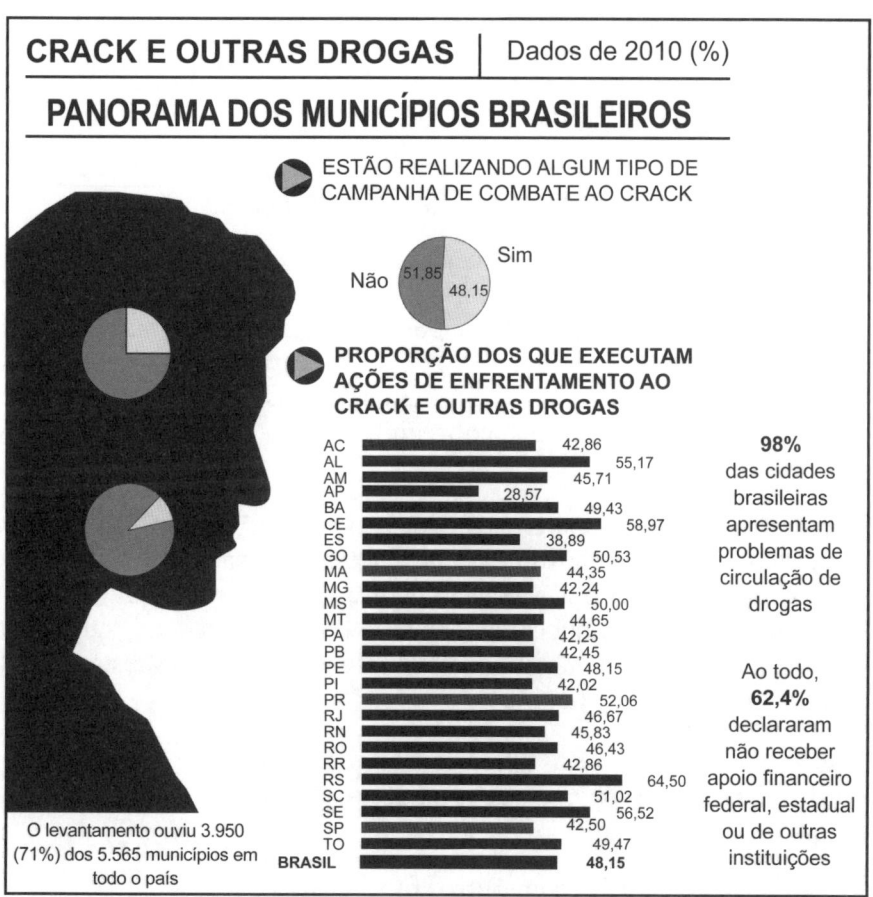

Figura 1.10 - A imagem apresenta um levantamento inédito realizado em 2010 que traçou uma radiografia da realidade do crack no Brasil. A pesquisa traz dados alarmantes e aponta que a droga já chegou a 98% dos municípios. Saiba mais lendo em: <http://www.progresso.com.br/policia/crack-ja-atinge-98-dos-municipios>.

Amplie seus conhecimentos

Atualize seus conhecimentos sobre o crack nos municípios brasileiros na pesquisa realizada pela CNM – Confederação Nacional dos Municípios. Esta pesquisa identifica os municípios com maiores problemas com o crack e as ações que estes municípios vêm adotando no enfrentamento ao crack e outras drogas. Extraído do site "Crack nem Pensar" do Grupo RBS: <http://www.clicrbs.com.br/especial/sc/cracknempensar/home,0,3710,Home.html>.

Entendemos que o usuário é o sujeito principal da reabilitação, mas não podemos nos esquecer de seus familiares, pois, assim como os usuários, suas famílias merecem atenção e devem procurar ajuda profissional para receber um tratamento adequado para auxiliá-los a enfrentar as dificuldades que envolvem o processo de reabilitação. Outras relações envolvidas afetam no trabalho e nos estudos. Lembre-se de que o usuário é denominado dependente e a família dele, codependente.

Vamos recapitular?

Ao final deste capítulo você passou a entender um pouco melhor o significado das palavras droga e dependência, palavras que são utilizadas tanto por profissionais da área de reabilitação quanto por dependentes de substâncias psicoativas. Portanto este conhecimento é de grande valia para a profissão por você escolhida. Você também teve conhecimento de codependência.

Agora é com você!

1) Complete em seu caderno a frase sobre dependência:

   Dependência é o _____ que leva a pessoa a usar uma _____ de forma _____ ou _____ para obter prazer. Alguns indivíduos podem também fazer uso _____ de uma droga para _____ tensões, _____ , _____ , _____ desagradáveis. O dependente caracteriza-se por _____ conseguir _____ o consumo de drogas, agindo de forma _____ e _____.

2) Copie em seu caderno a alternativa que completa corretamente a frase. Psicotrópicas são: a) substâncias que trazem somente alívio e inteligência; b) substâncias que na sua maioria são compostas de vitaminas e sais minerais; c) substâncias (que são) capazes de produzir equilíbrio psíquico e conhecimento entre o certo e o errado; d) substâncias que atuam no cérebro, alterando de alguma maneira nosso psiquismo; e) substâncias que nunca provocarão depressão e angústia.

3) Nos textos que estudamos aprendemos que a droga tem entrado muito cedo na vida dos jovens e adolescentes e que uma dessas drogas é o álcool. Os estudos têm apontado que estes locais são:

   a) dentro do trabalho com outros funcionários.

   b) na escola com os professores.

   c) na sala de aula com os colegas de turma.

   d) nas quadras de esporte.

   e) em suas casas com os pais.

   Realize pesquisa das questões abaixo e discuta em sala de aula com os seus colegas. Faça dois grupos e divida as duas situações de questões:

4) Qual é a diferença entre a droga lícita e a ilícita?

5) O que significa tolerância à droga?

6) Quais são as drogas apontadas nos estudos que são consideradas como porta de entrada para a dependência?

7) Qual é a diferença entre droga natural, semissintética e sintética?

Histórico das Drogas I

Para começar

Embarcaremos numa viagem histórica, na qual estudaremos registros das descobertas e dos primeiros usuários de substâncias psicoativas, destacando as principais datas e eventos históricos até os dias atuais. Conheceremos sobre as drogas usadas antes de Cristo e daremos destaque para saber como surgiu a aguardente (cachaça) e a maconha.

2.1 História das drogas antes de Cristo

Existem relatos muito antigos sobre o uso de drogas. Podemos encontrar tais referências sobre a ingestão de álcool no ano 6.000 a.C. Sabemos, também, que o ópio é conhecido desde a antiguidade. A maconha era utilizada na China com finalidades terapêuticas desde 1730 a.C. A cocaína foi descoberta pelos espanhóis com a chegada deles ao Peru e à Bolívia. Segundo Correa, durante muitos anos as drogas foram usadas em rituais religiosos, em comemorações; e como medicações nos vários tipos de doenças, mas naqueles tempos os problemas relacionados ao uso de drogas eram mínimos (CORREA, 2000).

Figura 2.1 - Povos antigos do mundo todo utilizavam drogas.

2.2 Então o que aconteceu para que, com o passar dos anos, o uso dessas mesmas drogas trouxesse tantos problemas sociais?

A resposta não é tão simples, mas em síntese podemos dizer que as organizações sociais, políticas e econômicas foram mudando e se tornando cada vez mais complexas. Isso teve e tem um impacto direto na vida das pessoas e na relação delas com as drogas. Ao longo da história da humanidade sempre existiram substâncias psicoativas, o que aconteceu é que houve uma banalização, perdendo-se a ritualização.

Figura 2.2 - Uso de drogas em rituais.

Culturas ainda vivas utilizam substâncias psicoativas dentro de um processo ritualístico espiritual. Neste as pessoas são preparadas para o uso destas substâncias tendo como base todo um contexto histórico, social e cultural. A droga passou a ser uma mercadoria como tantas outras presentes no mundo consumista e individualista. Com inúmeras mudanças, o uso da droga perdeu o seu caráter ritualístico adquirindo em alguns momentos o caráter de contestação aos valores vigentes principalmente na década de 60 e 70; e o uso medicinal acabou sendo substituído pelos remédios industrializados.

A utilização de substâncias para se aproximar do seu criador e como forma de ritual ainda tem trazido muitas pessoas ao uso de substâncias e consecutivamente à dependência.

2.3 Uso abusivo de substâncias

Algumas substâncias são muitas vezes usadas de forma abusiva para causar "barato", e se não forem consumidas de forma controlada podem também causar dependência.

O que nos entristece é saber que diariamente muitas vidas se perdem, que, mesmo com todas as informações, processos e alertas, as pessoas continuam optando pelo uso de substâncias químicas, aumentando de forma assustadora a quantidade de dependentes químicos no mundo todo.

2.4 O consumo de drogas

O uso de drogas está muito além do nosso conhecimento, pois não nasceu de uma determinada cultura e nem é algo do momento atual. O conhecimento de alguns aspectos históricos do seu uso nos ajuda a compreender, em parte, hábitos, atitudes e normas culturais que no passado prevaleceram ou ainda prevalecem, ou têm influência sobre o uso da droga.

> O homem, desde priscas eras, como todos também sabem, procurou achar uma beberagem ou remédio que tivesse o dom ou poder de tirar ou aliviar as dores, produzir alegria, não ter angústia, acalmar paixões, acabar com o medo, dando-lhe coragem para as lutas e ânimo para as

incertezas, tristezas e agruras da vida e, também, preservar a mocidade e a saúde (GALLO, 1984).

Os primeiros relatos há mais de 3.000 anos antes de Cristo, sobre os registros escritos disponíveis, vêm confirmar que os povos primitivos fizeram uso de algum tipo de drogas e medicamentos, principalmente vegetais, que serviam para o alívio e para o tratamento dos seus enfermos. Esses registros encontram-se nas "tabuinhas sumérias" de Nippur, em seus escritos Nippur, nos escritos cuneiformes de Assur, no Shen Nung Pen-Ts'ao King da China (primeira classificação de drogas), no Pon-cho da Coreia, nos papiros egípcios, nos textos védicos da Índia antiga, no Avesta iraniano, no Antigo Testamento da Bíblia, nos Códices de Sahagúm, nos livros de Chilam Balam (documentos incas e maias) e Badiano (astecas), dentre outras descritos por Correa em 2000.

Segundo Guillén (1987), a utilização de remédio era basicamente instintiva e intuitiva e incluía a manifestação de rezas e gestos apropriados de cada curandeiro. Por conseguinte, deduz-se que essa experiência ocorria posteriormente à manipulação mágica, pondo em evidência a eficácia de determinada substância. Outro conceito importante refere-se à diferenciação de remédio e veneno. Assim como os remédios, o conceito de veneno também deve ter surgido de forma empírica.

Intuitivamente o homem foi aprendendo a evitar, excluir e se proteger daquelas plantas ou animais que poderiam envenená-lo.

Alguns milênios depois, os gregos foram os primeiros a conseguir uma compreensão científica dos conceitos de medicamento e de veneno, e bem mais adiante Paracelso, por volta de 1520, afirmava que a mesma substância química pode ser remédio ou veneno, de forma que a dose certa é que as diferenciava (BRAGA, 1973). Desde tempos remotos da história da humanidade, o homem tem tido habilidade para detectar aquelas substâncias da natureza que podiam alterar sua conduta, agindo em sua mente.

O homem utilizava-se de rituais ao fazer uso da droga, e isto o mantinha dentro dos limites da tradição cultural. Observa-se ainda que na antiguidade sacerdotes, feiticeiros e adivinhos orientavam o uso da droga na cura dos males da vida causados pelas forças sobrenaturais, que só elas podiam apaziguar e tornar favoráveis. As crenças e os costumes, o medo de punições divinas e a vigilância da família bastavam para conter o uso abusivo das drogas.

Figura 2.3 - A primeira classificação de drogas está descrita nas "tabuinhas sumérias" de Nippur, em seus escritos na China há mais de 5 mil anos.

Amplie seus conhecimentos

Amplie seus conhecimentos sobre a cachaça, que é uma bebida genuinamente brasileira cuja história remonta ao tempo da escravidão, quando os escravos trabalhavam na produção do açúcar da cana-de-açúcar. O método já era conhecido e consistia em moer a cana, ferver o caldo obtido e, em seguida, deixá-lo esfriar em formas, obtendo a rapadura, com a qual adoçavam as bebidas. Às vezes, o caldo desandava e fermentava, dando origem a um produto que se denominava "cagaça" e era jogado fora, pois não prestava para adoçar. Alguns escravos tomavam a bebida e com isso trabalhavam mais entusiasmados. Com o tempo esta foi aperfeiçoada, passando a ser filtrada e depois destilada.

<http://www.alambiquedacachaca.com.br/images/cachaca_historia_1.jpg>.

As bebidas geralmente eram fermentadas. Eram feitas a princípio com tâmaras, figos, uvas, leite, mel, arroz, milho e mandioca, pois tinham fins terapêuticos, mágicos ou místicos. Serviam para tratar males físicos, restaurar energias, alegrar, celebrar, aliviar sofrimentos espirituais, purificar a alma, dar graças aos deuses, e, dessa forma, as pessoas atingiam estado de embriaguez e euforia, o que, segundo se acreditava, as ajudava a elevar o espírito humano a planos superiores, facilitando o contato do homem com entidades poderosas, nas cerimônias ou ritos de sua cultura.

Figura 2.4 - *Escravos na moenda*, Debret, 1835. In: *Viagem pitoresca e histórica ao Brasil*. Tomo 1. São Paulo: Ed. da Universidade de São Paulo, 1978. Prancha 27.

Em termos arqueológicos, o achado mais antigo encontrado até hoje foi no ano de 1968, ao norte do Irã. Os pesquisadores americanos encontraram um jarro de cerâmica datado de 5400 a 5000 anos a.C., o qual continha resíduos de vinho resinado. Isto indica que o vinho é tão antigo quanto a civilização humana, representada por aquelas pequenas aldeias formadas pelos homens recém-saídos das cavernas. O vinho foi descoberto a partir da fermentação (transformação de açúcar em álcool), ocorrida de forma espontânea em frutas como a uva, deixada em contato com o ar (oxigênio).

A resina colocada no vinho era hábito comum na antiguidade, pois impedia o desenvolvimento de bactérias que transformavam o vinho em vinagre. Com a descoberta do processo de pasteurização pelo cientista francês Louis Pasteur, é que a produção de vinho obteve pureza e durabilidade. Foi após a guerra de 1870 que Pasteur, estudando as condições de fabricação da cerveja, descobriu as causas de certos problemas que afetavam a qualidade dessa bebida e inventou o método de preveni-los: a pasteurização. Outro relato escrito sobre a origem do álcool encontra-se no Velho Testamento da Bíblia, no livro do Gênesis, capítulo 9, que menciona um homem chamado Noé, que era plantador de videiras, e que se embriagou com vinho. O Antigo Testamento faz referência também a casos em que o álcool é responsável por pecados, como o incesto e homicídios (SIELSKI, 1999; THOMPSON, 1996; CORREA, 2000).

Há mais de 5000 anos, na Mesopotâmia, atual Iraque, os sumérios já curavam doenças com infusões obtidas da papoula (*papaver somniferum*). O grego Hipócrates (460-377 a.C.) foi um dos primeiros a escrever sobre o uso medicinal do ópio, sem saber evidentemente qual era sua composição. Anos depois, os assírios, e mais tarde os babilônios mantiveram a arte de extrair o suco leitoso da papoula para a fabricação de remédios descrita por Guíllen em 1987. Andrade, em 1971, escreve que funções semelhantes já eram atribuídas ao ópio extraído da papoula na história da China, milênios antes de Cristo. Há vinte séculos, Diágoras e Erasístrato já consideravam a substância opiácea como um perigoso tóxico capaz de alterar o comportamento e o caráter do homem.

Morfeu, deus grego do sono, era representado pelas folhas da papoula. Os gregos consideravam a papoula uma planta sagrada. A morfina representava o seu principal derivado, sendo chamado de extrato tebaico em homenagem à cidade de Tebas. Eles não só fabricavam como difundiam o uso do ópio pelos arredores. Na lenda grega, Helena afastava a tristeza e a cólera curando seus males com suco de papoula.

2.5 Maconha

Uma das plantas mais antigas conhecidas pelo homem é a maconha. As primeiras citações de seu uso aparecem em torno de 2723 a.C., no mais antigo texto medicinal conhecido, o Shen Nung Pen-Ts'ao King (chinês), que classifica as drogas como tônicas, efetivas e tóxicas. Era usada para cólicas menstruais, asma e inflamações da pele. Igualmente, desde longos tempos, a maconha e o haxixe obtidos do cânhamo (segundo documentação milenar dos chineses, cetas, persas, hindus e gregos) eram usados para amenizar males físicos e espirituais. A *Erytroxylon coca*, de onde se extrai a cocaína, é uma planta nativa exclusivamente da América do Sul e já era usada pelos índios muito antes da chegada dos conquistadores espanhóis. Achados arqueológicos demonstraram que índios peruanos e outros nativos dos Andes fazem uso de cocaína há mais de 3.000 anos, principalmente pelos seus efeitos estimulantes e euforizantes.

Figura 2.5 - Planta *Cannabis sativa*: maconha, *marijuana*.

A maconha chegou à Europa somente no final do século XVIII, trazida da China, Índia e Oriente Médio, seguindo posteriormente para a África e Américas. Foi classificada por Linné, em 1753, como *Cannabis sativa*, e utilizada pelas suas propriedades têxteis e medicinais. No Brasil, chegou à época das capitanias (fins do século XVIII), sendo usada principalmente para a produção de fibras. Até 1937, quando foi proibida por lei nos Estados Unidos também era usada na forma de chás para combater a dor, a asma e o estresse, mas pouco ainda se conhecia sobre a planta. Foi em 1964 que o pesquisador Raphael Mechoulan, da Universidade de Tel Aviv, em Israel, descobriu o THC (tetra-hidrocanabinol), princípio ativo responsável pelos efeitos da planta.

> **Fique de olho!**
>
> Alguns problemas relacionados ao uso da Canabis Sativa – Maconha. Falhas de memória, taquicardia, xerostomia, agitação, falta de coordenação motora, bronquite e tosse. Um estudo publicado em 2010 no periódico *Archives of General Psychiatry* associa o consumo de maconha à psicose. Constatou-se que entre jovens que fumam maconha há seis anos ou mais, o risco de alucinação ou delírios pode chegar a ser o dobro do verificado entre as pessoas que nunca consumiram a droga. Existem relatos de casos em artigos científicos de esquizofrenia relacionados à maconha.
>
> <http://www1.folha.uol.com.br/fsp/saude/sd0303201002.htm>.

Vamos recapitular?

Neste capítulo conhecemos um pouco da história dos primeiros relatos e registros das descobertas das substâncias psicoativas e dos primeiros usuários de substâncias psicoativas. Destacamos neste segundo capítulo as principais datas e eventos históricos até os dias atuais. Conhecemos sobre a aguardente (cachaça) e a maconha.

Agora é com você!

1) No dia 8 de setembro de 1917 foi apresentado à Câmara dos Representantes nos EUA o projeto da 18ª emenda constitucional sugerindo a completa proibição de bebidas alcoólicas. A Lei Seca entraria em vigor dois anos depois. Faça uma leitura e assista ao vídeo sugerido sobre o assunto, discuta com seus colegas em sala de aula e depois elenque 3 pontos positivos e 3 pontos negativos da Lei Seca para apresentação à turma.

   a) <http://www.dw.de/1917-apresentado-o-projeto-da-lei-seca-nos-eua/a-319341>

   b) <https://www.youtube.com/watch?v=_BFgpOpiAxI>

   c) <https://www.youtube.com/watch?v=-TEmVQgkqwo>

2) Depois de assistir aos vídeos b e c, responda: o que ocorreu depois que foi implantada a Lei Seca nos EUA?

3) O que ocorreu com a população carcerária devido à Lei Seca nos EUA?

4) Segundo o professor Luiz Flávio Gomes em sua palestra (vídeo c) que trata da Lei Seca, responda: por que essa lei fracassou?

5) Reúna-se em grupo de três ou no máximo quatro pessoas e discuta as questões da liberação da maconha no Brasil tendo como texto base: Em Busca da Racionalidade Perdida – Dr. Ronaldo Laranjeira em: <http://www.uniad.org.br/desenvolvimento/images/stories/publicacoes/texto/Ronaldo%20Laranjeira%2008.pdf>.

3

Histórico das Drogas II

Para começar

Daremos continuidade ao conhecimento da história das drogas, estudando sobre a cocaína, que foi isolada por Albert Nieman e utilizada pela primeira vez como anestésico oftalmológico em 1884. Estudaremos a anfetamina também chamada de benzedrina, que, em 1887, foi sintetizada pelo alemão Lazar Edeleanu. Conheceremos um pouco da cachaça, e veremos que no início das civilizações as bebidas alcoólicas tinham várias funções. Entre os sumérios (2.000 a.C.), por exemplo, eram usadas com fins medicinais. Por fim conheceremos o que a história tem a nos ensinar sobre a codeína e o tabaco.

3.1 Cocaína

Sielski descreve que em 1858 a cocaína foi isolada por Albert Nieman. Foi utilizada pela primeira vez como anestésico oftalmológico em 1884, por Carl Koller. A folha de coca (cujo consumo, mesmo se em grandes quantidades, leva apenas à absorção de uma dose minúscula de cocaína) é usada comprovadamente há mais de 1200 anos pelos povos nativos da América do Sul (CORREA, 2000).

Eles a mastigavam para ajudar a suportar a fome, a sede e o cansaço, sendo, ainda hoje, consumida legalmente em alguns países (Peru e Bolívia) sob a forma de chá (a absorção do princípio ativo, por esta via, é muito baixa). Os incas e outros povos dos Andes usaram-na de maneira correta, permitindo-lhes trabalhar a altas altitudes, onde a rarefação do ar e o frio tornam o trabalho árduo especialmente difícil. A ação anorexiante (supressora da fome) lhes permitia transportar apenas um mínimo de comida durante alguns dias. Inicialmente os espanhóis, constatando o uso quase religioso da planta, nas suas tentativas de converter os índios ao cristianismo, declararam a planta produto do demônio. O uso entre os espanhóis do Novo Mundo espalhou-se, sendo as folhas usadas para tratar as feridas e os ossos quebrados ou curar a constipação/resfriado. A coca foi levada para a Europa em 1580.

3.2 Anfetamina

Em 1887, o cientista alemão Lazar Edeleanu sintetizou a anfetamina, também chamada de benzedrina. Entretanto sua comercialização só ocorreu a partir de 1932 quando se descobriu que era um potente descongestionante nasal. Até 1946 a indústria farmacêutica catalogou quase 40 aplicações clínicas para a anfetamina (SIELSKI, 1999). A metanfetamina (MA) é uma droga estimulante do sistema nervoso central (SNC), muito potente e altamente viciante, cujos efeitos se manifestam no cerebro, especificamente no sistema nervoso central e periférico. A metanfetamina tem-se vulgarizado como droga de abuso, devido aos seus efeitos agradáveis intensos, tais

Figura 3.1 - A papoula é a flor da cocaína.

como euforia, aumento do estado de alerta, da autoestima, do apetite sexual, da percepção das sensações e intensificação de emoções. Por outro lado, diminui o apetite, a fadiga e a necessidade de dormir.

Existem algumas indicações terapêuticas para a MA, nomeadamente narcolepsia, déficit de atenção hiperativa em crianças, obesidade mórbida e descongestionante nasal (l-metanfetamina). Contudo, esta droga manifesta um grande potencial de dependência e a sua utilização crônica pode conduzir ao aparecimento de comportamentos psicóticos e violentos, em consequência dos danos que pode causar ao sistema nervoso central - SNC (WASHINGTON & ZWEBEN, 2009).

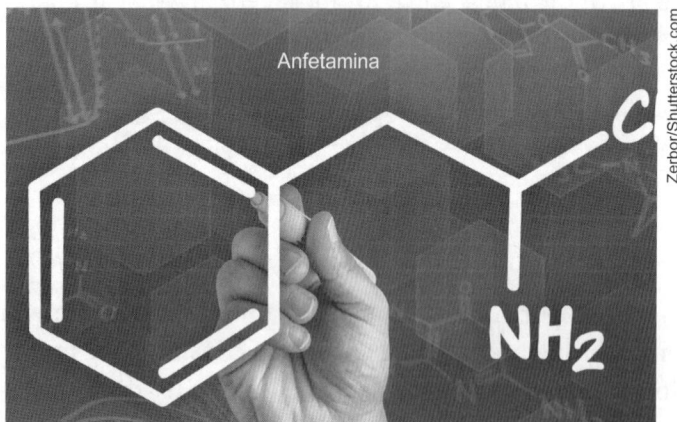

Figura 3.2a - Fórmula da anfetamina.

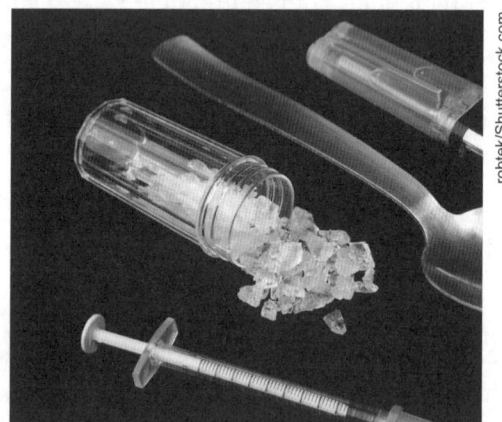

Figura 3.2b - Diversos utensílios para se usar metanfetaminas.

3.3 Cachaça

No início das civilizações, as bebidas alcoólicas tinham várias funções. Entre os sumérios (2000 a.C.), eram usadas com fins medicinais (diuréticos; revigorantes). O vinho era uma das oferendas aos deuses, misturavam-no com água na cratera (espécie de vaso) e depois o serviam.

Porém, antes de beber cada homem fazia uma oferenda aos deuses, derramando gotas no chão. Até hoje, entre diversos bebedores se cultiva o costume de oferecer "um pouco para o santo", derramando a bebida no chão.

O conhecido Código de Hamurábi foi uma das primeiras constituições do mundo, elaborado em torno de 1700 a.C. Ele regulamentava a comercialização das bebidas alcoólicas. Conforme relata a mitologia egípcia, o deus Osíris (1500 a.C.) ensinou aos homens a arte de fabricar vinho. Dionísio, na Grécia, era cultuado como o deus da embriaguez, passando a ser reverenciado em Roma com o nome de Baco (deus do vinho, da ebriedade, dos excessos, especialmente sexuais, e da natureza). As bacanais eram festas que duravam muitos dias, em homenagem a essa divindade.

Em outro ritual praticado pelos gregos, o vinho era utilizado em celebrações religiosas, em que todos se embriagavam e terminavam por sacrificar humanos ou animais. Esses sacrifícios foram muito criticados e gradativamente abandonados por volta dos anos 500 a.C., com o aparecimento de ilustres filósofos como Platão, Aristóteles, Sócrates e Hipócrates. Platão pregava a proibição do consumo de bebidas alcoólicas até os 18 anos, uso moderado para adultos e liberdade de consumo para idosos. Os astecas, da mesma forma, permitiam o livre consumo para os idosos e puniam severamente a embriaguez nos jovens (MR.TINY, 1964).

Figura 3.3 - Alcoolismo.

Ao longo da história foram muitos os homens ilustres que se tornaram etilistas. Alexandre, o Grande, rei macedônio um gênio militar para sua época, comemorava as vitórias bebendo com seus soldados e generais. Morreu precocemente aos 33 anos (323 a.C.). Entre os romanos, imperadores como Tibério, Calígula, Cláudio e Nero eram etilistas. Calígula ficou famoso pelas orgias que promovia, nas quais distribuía cerveja e vinho ao povo, e Nero, pela libertinagem e crueldade com o povo.

3.3.1 A influência da religião antes de Cristo

Tempos de sobriedade voltaram com o imperador Marco Aurélio, que defendia a ética acima de tudo, mas isso não foi suficiente para salvar Roma das consequências dos excessos antes praticados, e o magnífico império romano decaiu, política e economicamente, passando ao domínio dos bárbaros no ano de 476 d.C.

O cristianismo tomou o lugar das religiões pagãs gregas e romanas e propôs moderação no uso de bebidas, recomendando que os cristãos da época bebessem, mas sem se exceder. O próprio Cristo fez o milagre de transformar água em vinho para que as pessoas se alegrassem na festa das bodas de Canaã da Galileia. Ele mesmo consumia vinho às refeições; e na Última Ceia abençoou o pão e o vinho como símbolos de sua carne e de seu sangue.

Com o cristianismo triunfando e se disseminando pela Europa, a Igreja Católica se fortaleceu ao longo da Idade Média, passando a exercer um domínio sobre a sociedade. As normas eram mais rígidas, o excesso de álcool era combatido, mas seu uso era permitido em festas. Os monastérios passaram a deter o controle das técnicas de fermentação e de produção de bebidas, descobrindo algumas novas, como licores e champanhe. Os padres bebiam tanto quanto os leigos e muitos integrantes do clero também se tornaram etilistas.

Vários concílios (reuniões de autoridades) surgidos entre os séculos IV e IX eram contra o abuso do vinho, para os clérigos e para os leigos. Carlos Magno, por volta de 780, não bebia e pregava a sobriedade a todos, combatendo os abusos. Os beberrões eram chibatados e, se recaíssem, eram levados ao pelourinho (popularmente designado também como picota, é uma coluna de pedra colocada num lugar público de uma cidade ou vila onde eram punidos e expostos os criminosos).

Amplie seus conhecimentos

Leia o livro *Álcool e drogas na história do Brasil* de Renato Pinto Venâncio e Henrique Carneiro – O livro aborda desde a colônia ao narcotráfico: álcool e drogas na história do Brasil. Da raiz do cauim e dos remédios de antigos boticários ao sacramento de religiões mestiças que usam até hoje alucinógenos em rituais devocionais, passando pelo uso do vinho nos rituais religiosos e de sedução e da aguardente nas revoltas escravas. O conjunto de pesquisas reunidas neste livro, feitas pelos autores que mais se dedicam ao tema no Brasil, oferece um panorama inédito do significado que o álcool e as drogas tiveram na história do país.

3.3.2 Técnica da destilação

Albucassis era um químico árabe que descobriu no século XI a técnica da destilação utilizando o alambique, onde obtinha bebidas fortes com alta concentração de álcool. Essa técnica difundiu-se rapidamente e descobriram-se novas bebidas, sendo que a simples destilação do vinho deu origem ao conhaque. Os destilados foram inicialmente utilizados com fins medicinais e posteriormente eram ingeridos sob a forma de licores.

Em 1488, foi descoberto o uísque, uma bebida mais sofisticada que o conhaque. No idioma gaélico "uisge beathe" significa "água da vida", bebida que é preferida dos irlandeses. No Brasil (de 1500), a bebida dos índios era o cauim (do tupi *kawi*), um fermentado obtido a partir da mandioca, do caju e ou do milho. Os engenhos começaram a produzir açúcar de cana e a aguardente, aqui chamada cachaça, que os senhores distribuíam aos escravos nos dias de feriados e festas religiosas para que se alegrassem.

Em 1672, a partir da aguardente, um holandês criou o gim adicionando bagas de zimbro (*Juniperus communis*) no fermentado de cereais (cevada, trigo, aveia), criando uma bebida aromatizada.

3.3.3 Revolução Industrial e a produção de bebidas

Com a Revolução Industrial a produção de bebidas se multiplicou em todo o mundo com a criação de inúmeras destilarias e pontos de venda, pois as bebidas baratas eram vendidas em todos os lugares. Os empregados ganhavam bebida para ficarem mais satisfeitos com o trabalho, aumentando assim os casos de alcoolismo. Na Rússia, czar Pedro, o Grande, por volta de 1700, estimulava o abuso do álcool, pois promovia grandes festas e noitadas com muita bebida. Na França e em outros países, em pleno século XVIII, as bebedeiras eram comuns nas festas da corte, as quais incluíam orgias sexuais.

Fique de olho!

Eventos como Copa do Mundo, Olimpíadas, Fórmula 1, Rock in Rio, sempre existem a expectativa de aumento no consumo de bebidas alcoólicas.

Para se ter uma ideia havia uma estimativa de quase R$ 2 bilhões em cervejas e refrigerantes a serem consumidos nestes eventos. Os brasileiros consumiriam durante os meses de junho e julho só por causa da Copa do Mundo. A pesquisa da Nielsen, a qual o UOL Esporte teve acesso, aponta que 63% da população brasileira costumam consumir bebidas, doces e salgadinhos assistindo a jogos de futebol. Dessas, mais da metade tomam refrigerante, cerveja ou os dois quando param para ver uma partida. Esse "costume nacional", aliado aos 31 dias de Copa do Mundo, criará no Brasil um período extraordinário de boas vendas de comida e bebida durante o ano, de acordo com as previsões da Nielsen. Segundo a consultoria, a Copa criará uma oportunidade "adicional" para vendas de R$ 1,2 bilhão em cervejas e de R$ 740 milhões em refrigerantes.

3.4 Codeína

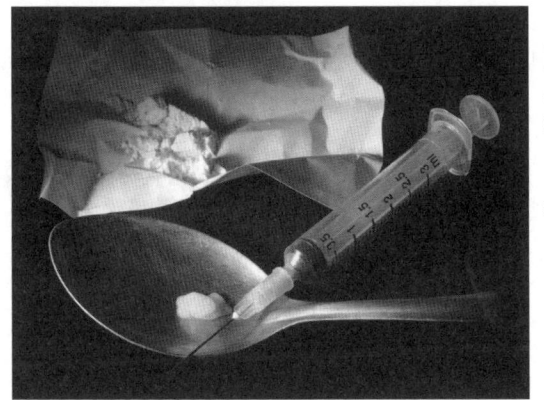

Figura 3.4 - a) Heroína. b) Medicação antitussígena.

A codeína é um fármaco alcaloide do grupo dos opioides, que é muito usado no tratamento da dor moderada e como antitussígeno. Grande parte da codeína utilizada com finalidades médicas é preparada através da metilação da morfina. Doze vezes de menor potência que a morfina, era utilizada também em combinação com outros analgésicos da classe dos não opioides, como ácido acetilsalicílico e paracetamol. Dez por cento (10%) da população caucasoide não consegue converter a codeína em morfina no fígado, por defeitos genéticos. A codeína é encontrada no ópio em concentrações de 0,5 a 2,5%.

A codeína (outro alcaloide) foi descoberta, em 1832, pelo pesquisador Georg Pierre Jean Robiquet. Em 1848, Merck descobriu a papaverina. A heroína foi sintetizada por Dreser em 1896, e nesse mesmo ano iniciou-se a produção em grande escala (GUILLÉN, 1987). Atualmente o uso clínico da codeína está sendo prescrito principalmente para dor moderada (outros opioides mais fortes são usados em dores graves), tosse de causa não bacteriana, particularmente tosses prolongadas e dolorosas, como no câncer de pulmão, e até mesmo na diarreia.

Os efeitos adversos causados pela codeína são náuseas, vômitos, obstinação, miose, secura na boca, prurido, confusão, sedação e depressão respiratória. A codeína pode criar habituação e ser usada como droga de abuso, embora muito menos frequentemente que outros opioides (WASHINGTON, ZWEBEN, 2009).

3.5 Tabaco

Figura 3.5 - Tabaco.

A nicotina, princípio ativo do tabaco, foi isolada em estado puro por Reiman e Pousselt, em 1828. O tabaco é uma planta da família das solanáceas, com diversas espécies, sendo a principal a *Nicotiana tabacum*. Ela ganhou este nome em homenagem a Jean Nicot, diplomata e filósofo francês que em 1556 enviou de presente à rainha Catarina de Médici as primeiras sementes da planta. Antes da descoberta do Novo Mundo apenas os nativos das Américas conheciam o tabaco, cujas folhas pensavam ser medicinais, e eram queimadas durante as cerimônias e nos diversos rituais tribais.

O tabaco foi disseminando em Portugal em 1558; na Espanha em 1559; na Inglaterra em 1565; em Cuba em 1580; no Brasil em 1600 e nos Estados Unidos em 1612. Foi neste último que se formaram as primeiras grandes plantações de tabaco. Em meados do século XIX, o tabaco já era plantado em mais de 90 países. O principal objetivo era atingir alguma experiência transcendental, ou servir de oferenda aos deuses ou afastar maus espíritos.

Vamos recapitular?

Neste capítulo estudamos sobre a cocaína, a anfetamina, um pouco mais sobre a cachaça e por fim conhecemos sobre a codeína e o tabaco. A história nos ensina que as drogas têm se espalhado por toda parte do mundo e, independentemente de qual é a substância e a condição socioeconômica e cultural desta civilização, os prejuízos físicos e econômicos são enormes não só no que diz aos gastos, mas principalmente aos danos causados no organismo, mesmo quando provenientes de civilizações antigas e para usos medicinais ou religiosos.

Agora é com você!

Faça uma pesquisa sobre a história das substâncias a seguir que não foram abordadas neste capítulo e escreva um resumo no seu caderno para debate em sala de aula.

1) Produtos farmacêuticos ou fármacos (Medicamentos);

2) Os tranquilizantes que em 1955 foram descobertos pelo químico Leo Sternbach;

3) Ácido barbitúrico obtido a partir do malonato de etila e ureia;

4) Chá de Santo Daime (*Ayahuasca*) – estudada pelo inglês Richard Spruce;

5) LSD – *Lysergsäurediethylamid* - palavra alemã para a dietilamida do ácido

6) lisérgico.

Os tópicos para o bedate podem ser:

    a) Quando foi descoberta?

    b) Quem foi o responsável pela descoberta?

    c) Qual o país de origem?

    d) Outras observações importantes sobre a substância.

Classificação das Drogas

Para começar

O objetivo deste capítulo é que você conheça e identifique os tipos de drogas classificadas por suas ações. Apresentaremos, primeiramente, o significado de psicotrópico; em seguida, a classificação legal das drogas e depois a classificação clínica, que as divide em drogas estimulantes; drogas depressoras e drogas hipnóticas e a atuação de cada uma delas no cérebro. Ao abordarmos a classificação das drogas, falaremos sobre dependência, drogas psicoativas e abuso.

4.1 Significados

A droga em seu significado mais amplo refere-se a qualquer substância e/ou ingrediente utilizado em laboratórios, farmácias, tinturarias etc. Assim, um pequeno comprimido utilizado para aliviar desde a dor de cabeça e até para combater uma inflamação é considerado uma droga. Contudo, o termo é comumente utilizado para produtos alucinógenos, ou seja, drogas que levam à dependência química e, por extensão, a qualquer substância ou produto que seja tóxico, como o cigarro, e o álcool, que por sua vez vêm sendo sinônimos de entorpecentes.

As drogas psicoativas são substâncias naturais ou sintéticas que ao serem penetradas no organismo humano, independentemente da forma (ingerida, injetada, inalada ou absorvida pela pele), entram na corrente sanguínea e atingem o cérebro, alterando todo seu equilíbrio e, consequentemente, suas percepções do meio em que está, podendo assim levar o usuário a ter alterações comportamentais, desde alucinações até reações agressivas, ou mesmo deprimi-lo.

» Psicotrópico: é a composição de duas outras palavras: psico e trópico.
» Psico: é fácil de entender, pois é uma palavra grega que se relaciona ao nosso psiquismo (o que sentimos, fazemos e pensamos, enfim, o que cada um é).

» Trópico: relaciona-se com o termo tropismo, que significa ter atração por. Então, psicotrópico tem o significado de atração pelo psiquismo, e drogas psicotrópicas são aquelas que atuam sobre nosso cérebro, alterando de alguma maneira nosso psiquismo.

4.2 Drogas psicotrópicas ou substâncias psicoativas

São substâncias que têm a capacidade de alterar o funcionamento cerebral, causando modificações no estado mental, no psiquismo e que por isso mesmo são denominadas drogas psicotrópicas ou substâncias psicoativas.

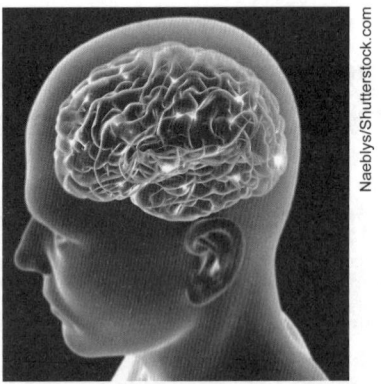

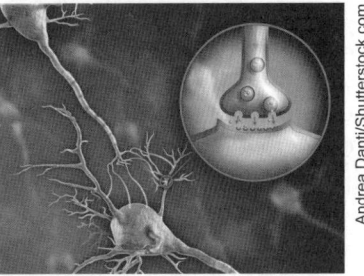

Figura 4.1 - Cérebro; neurônios e terminações neurais (sinapse).

Na Classificação Internacional de Doenças (CID), há uma lista grande de substâncias presentes, em que as doenças e as drogas a elas relacionadas estão classificadas no Capítulo 5, cujo título é Transtornos Mentais e de Comportamento.

Nesta lista incluem-se substâncias tais como o álcool, substâncias denominadas opioides (relacionadas ao ópio como a morfina, heroína, codeína, diversas substâncias sintéticas); substâncias denominadas canabinoides (relacionadas à maconha); substâncias denominadas como sedativos ou hipnóticos (é o caso dos barbitúricos e dos benzodiazepínicos); substâncias estimulantes como a cocaína e o crack; as anfetaminas ou ainda substâncias relacionadas à cafeína ou à nicotina (tabaco), ou substâncias que provocam alterações (alucinações) como os alucinógenos (chá de cogumelo, LSD).

Existe uma classificação – de interesse didático – que se baseia nas ações aparentes das drogas sobre o sistema nervoso central (SNC), conforme são observadas as modificações na atividade mental ou no comportamento da pessoa que utiliza a substância.

4.3 Classificação das substâncias psicoativas (SPA)

As substâncias psicoativas podem ser classificadas sob vários aspectos. Neste livro, serão abordadas duas possibilidades, descritas a seguir.

4.3.1 Classificação legal

Esta forma de classificação é fundamental na compreensão da dinâmica do sujeito com sua droga de escolha, embora de utilidade limitada do ponto de vista clínico. Aqui as SPAs são divididas em lícitas e ilícitas, impingindo uma noção jurídica do permitido e do proibido dentro de uma determinada sociedade, numa determinada época. Tal critério classificatório tem sido amplamente criticado por sua arbitrariedade já que, oscilante em variados locais e momentos sociopolíticos, não permite ou proíbe baseando-se no potencial risco individual e social do consumo de uma substância.

Diante desta definição, esta formulação tem passado por revisões, pressionada pela sociedade que tenta o estabelecimento de uma norma justa, compatível com os valores contemporâneos. A atual legislação brasileira permite o consumo e a venda de tabaco, de bebidas alcoólicas e de medicamentos psicotrópicos, sendo os dois últimos sob algumas restrições. As demais substâncias que são utilizadas como "drogas" são consideradas de consumo, de porte e venda ilegais, de acordo com a Lei nº 6.368, de 21 de outubro de 1976, que "dispõe sobre medidas de prevenção e repressão ao tráfico ilícito e uso indevido de substâncias entorpecentes ou que determinem dependência física ou psíquica" (GRECO FILHO, 1992). Esta lei contém 47 artigos, divididos em cinco capítulos: da prevenção; do tratamento e da recuperação; dos crimes e das penas; do procedimento criminal e disposições gerais. Esta lei foi complementada pela LEI Nº 11.343, DE 23 DE AGOSTO DE 2006, que Institui o Sistema Nacional de Políticas Públicas sobre Drogas - Sisnad; prescreve medidas para prevenção do uso indevido, atenção e reinserção social de usuários e dependentes de drogas; estabelece normas para repressão à produção não autorizada e ao tráfico ilícito de drogas; define crimes e dá outras providências.

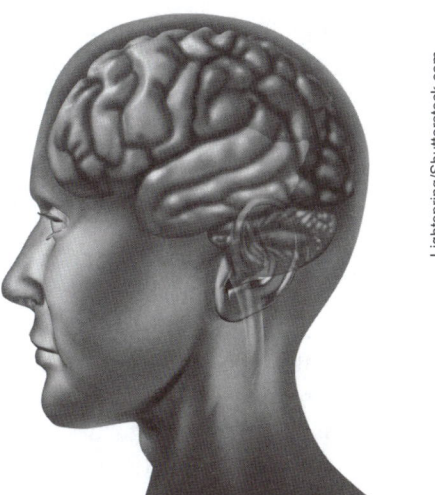

Figura 4.2 - É no cérebro que ocorrem as atividades depressoras, estimulantes e perturbadoras.

A segunda forma de se classificar as substâncias psicoativas é dividindo-as de acordo com a ação delas no sistema nervoso central (SNC).

Fique de olho!

Substâncias Depressoras da Atividade Mental: são drogas que deprimem a atividade mental, e podem causar diminuição da atividade motora, da reatividade à dor e da ansiedade, sendo comum um efeito euforizante inicial (diminuição das inibições, da crítica) e um aumento da sonolência, posteriormente. São exemplos desta classe: álcool, benzodiazepínicos, barbitúricos, opiáceos e solventes. Substâncias Estimulantes da Atividade Mental: são drogas que estimulam a atividade mental, e que levam a um aumento do estado de alerta, insônia e aceleração dos processos psíquicos. São exemplos desta classe: cocaína, anfetaminas, nicotina e cafeína. Substâncias Perturbadoras da Atividade Mental: são drogas que provocam o surgimento de diversos fenômenos psíquicos anormais (dentre os quais alucinações e delírios), sem que haja inibição ou estimulação global do SNC. São exemplos desta classe: cannabis e derivados, LSD25, ecstasy e anticolinérgicos.

4.4 Consumo de drogas ilícitas

Segundo Woodak (1998), o consumo de drogas ilícitas constituía um problema em alguns poucos países. Ao longo dos anos 60, o uso de drogas se estendeu a diversos países desenvolvidos. Nos anos 80, o consumo de drogas ilícitas começou a se estender na maioria dos países em desenvolvimento. No início dos anos 90, já existiam no mundo mais de 5 milhões de usuários de drogas injetáveis, envolvendo mais de 120 países (STIMSON, 1998).

Amplie seus conhecimentos

A demanda por substâncias ilícitas parece ser maior em populações de jovens desempregados, com déficit populacional, sem oportunidades educacionais, com deficiência nos serviços de saúde e em bairros desassistidos e com elevada criminalidade (MINISTÉRIO DA SAÚDE, 1995). Portanto, no atual contexto social, o Brasil apresenta-se como forte candidato a produzir consumidores de drogas em potencial. Os chamados "NEM NEM" são de grande preocupação neste contexto, pois NEM trabalham e NEM estudam estando portanto considerados como vulneráveis para o uso e abuso de drogas.

Para Scivoletto & Andrade (1999), os levantamentos epidemiológicos nacionais e internacionais mostram que, apesar da existência de tendência de manutenção ou até redução do consumo de SPAs em geral, o consumo de cocaína entre os adolescentes e principalmente de cocaína fumada (crack) está crescendo. Ainda que a proporção de usuários de cocaína seja menor do que o verificado para outras drogas, como os solventes e maconha, por exemplo, é preocupante a velocidade com que este aumento vem acontecendo.

Não se pode esquecer, porém, que nem todo consumo de SPAs é problemático em si, havendo situações clínicas e critérios diagnósticos para tentar sistematizar e homogeneizar a compreensão do espectro que associa o homem, o consumo de drogas e a sua gravidade. O que se tem de ter em mente são as consequências diferentemente para cada pessoa.

4.5 Abuso de substâncias

Um padrão mal-adaptativo do uso de substância levando a prejuízo ou sofrimento clinicamente significativo, manifestado por um ou mais dos seguintes aspectos, ocorrendo dentro de um período de 12 meses, tais como: uso contínuo da substância resultando em um fracasso em cumprir obrigações importantes relativas a seu papel no trabalho, na escola ou em casa; uso recorrente da substância em situações nas quais isto representa perigo físico; problemas legais recorrentes relacionados à substância; uso continuado da substância, apesar de problemas sociais ou interpessoais persistentes ou recorrentes causados ou exacerbados pelos efeitos da substância.

Os sintomas jamais satisfizeram os critérios para dependência da substância para esta classe de substância. Os critérios de dependência serão apresentados na sequência dos próximos capítulos. Fica aqui apenas um breve comentário a respeito da dependência destas substâncias (DSM-IV, 1995).

Vamos recapitular?

Neste capítulo você conheceu o significado científico de psicotrópicos e psicoativas, bem como a classificação legal baseada no Manual Diagnóstico e Estatístico de Transtornos Mentais. Aprendeu sobre cada tipo de droga e sua classificação, o consumo e o abuso.

Agora é com você!

Leia o texto explicativo sobre o "Manual Diagnóstico e Estatístico de Transtornos Mentais" em:

<http://pt.slideshare.net/rayssa2/dsm-iv-tr-manual-de-diagnstico-e-estatstica-das-perturbaes-mentais-4-edio-livro-digitalizado> ou <http://pt.scribd.com/doc/219031751/Manual-Diagnostico-e-Estatistico-de-Transtornos-Mentais-Texto-Revisado-DSM-IV-TR>.

Responda às questões a seguir:

1) Quando e por qual órgão foi publicado o Manual Diagnóstico e Estatístico de Transtornos Mentais?
2) Que instituto patrocinou as pesquisas e os ensaios desse manual?
3) Quais os profissionais usam o manual e qual a finalidade do uso?

Se reúna com mais um colega de sala, leia o texto, discuta e responda:

Como agem as drogas no cérebro – no SNC disponível em: <http://mais24hrs.blogspot.com.br/2013/03/como-agem-as-drogas-no-cerebro.html#.U1bRYLcU9dg> e responda:

4) Como as drogas atuam no sistema nervoso central de uma pessoa?
5) O que é a dopamina e como ela atua no SNC?
6) O que é *delirium tremens*, a quem afeta e quando surge?

5

Drogas Depressoras do Sistema Nervoso Central

Para começar

Você conhecerá as substâncias depressoras da atividade mental, e como elas atuam no cérebro. Quando estudar o álcool verificará mais precisamente como ocorrem o funcionamento e a atuação dessa droga dentro do cérebro pela sinapse e pela neurotransmissão e, então, entenderá não somente o mecanismo de ação, mas o comportamento das pessoas que usam este tipo de substância depressora.

5.1 Mecanismos cerebrais do uso de drogas

Quando uma pessoa usa uma droga (substancia psicoativa), o efeito por ela produzido é de alguma forma agradável. Tal efeito adquire para aquela pessoa o caráter de uma recompensa.

Como comprovam estudos experimentais realizados por psicólogos comportamentalistas, todos os comportamentos que são reforçados por uma recompensa tendem a ser repetidos e aprendidos. São as sucessivas repetições que tendem a fixar não só o comportamento que conduz à recompensa, mas também os estímulos, sensações e situações indiferentes eventualmente associados a esse comportamento.

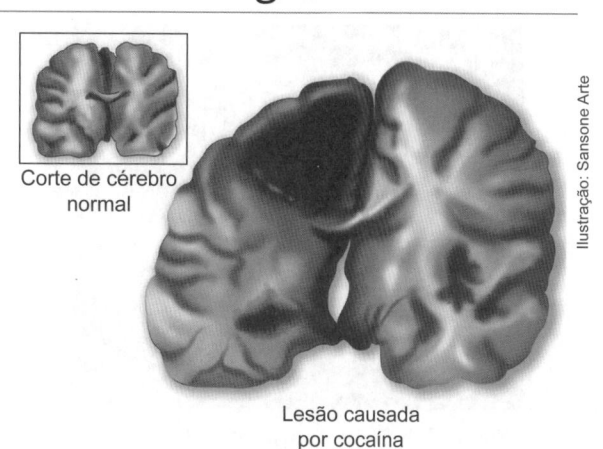

Corte de cérebro normal

Lesão causada por cocaína

Figura 5.1 - Corte do cérebro: hemorragia cerebral associada à cocaína.

Ilustração: Sansone Arte

Os usuários de drogas, por exemplo, mencionam que o ato de ver certos lugares ou pessoas, ou ouvir certas músicas etc. desencadeiam neles a vontade de usar a droga preferida, o que muitas vezes também é chamado de FISSURA (desejo incontrolável de usar a droga).

Usando tomografia com emissão de pósitrons (PET), a Dra. Edythe D. London e pesquisadores do Centro de Pesquisa em Adição, em Baltimore (EUA) obteve imagens mostrando que em pessoas que haviam usado cocaína disparavam aumento no metabolismo da glicose em regiões cerebrais associadas com a memória e o aprendizado (córtex pré-frontal lateral, amígdala e cerebelo).

5.2 Substâncias depressoras da atividade mental

Podemos incluir aqui neste item uma grande variedade de substâncias que diferem muito em suas propriedades físicas e químicas, mas que apresentam a característica comum de causar uma diminuição da atividade global ou de certos sistemas específicos do SNC. Como consequência dessa ação, há certa tendência de ocorrer diminuição da atividade motora, da reatividade à dor e da ansiedade, e é comum um efeito de melhora do bem-estar em geral.

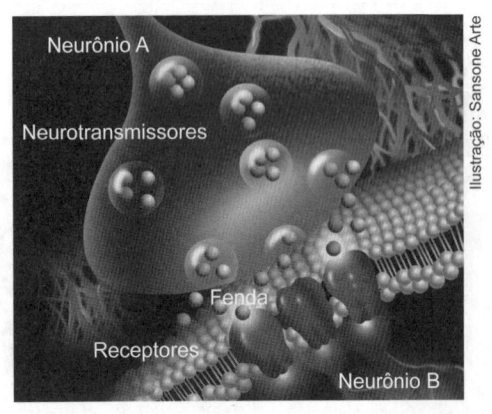

Figura 5.2 - Neurotransmissores cerebrais.

5.2.1 Álcool

O álcool etílico é um produto derivado da fermentação de carboidratos (açúcares) presentes nos vegetais, como a cana-de-açúcar, a uva e a cevada. Suas propriedades são conhecidas desde tempos pré-históricos, e praticamente todas as culturas têm ou tiveram alguma experiência com sua utilização. É de longe a droga psicotrópica de maior uso e abuso, sendo amplamente disseminada em um grande número de países na atualidade.

5.2.2 O álcool e os neurotransmissores

O etanol afeta diversos neurotransmissores presentes dentro do cérebro, entre eles o ácido gama-aminobutírico (GABA). Existem dois tipos de receptores deste neurotransmissor: os GABA-alfa e os GABA-beta, dos quais apenas o primeiro é estimulado pelo álcool, o que resulta numa diminuição de sensibilidade para outros estímulos. O resultado é um efeito muito mais inibitório no cérebro, levando ao relaxamento e à sedação do organismo. Diversas partes do cérebro são afetadas pelo efeito sedativo do álcool, como aquelas responsáveis pelo movimento, memória, julgamento, respiração etc, deixando a pessoa e seus reflexos mais lentos.

O sistema glutamatérgico, que utiliza glutamato como neurotransmissor, também desempenha papel relevante nas alterações nervosas promovidas pelo etanol, pois o álcool também altera a ação sináptica do glutamato no cérebro, promovendo diminuição da sensibilidade aos estímulos.

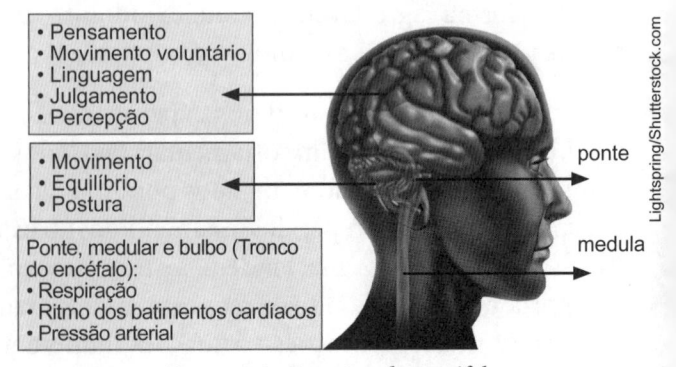

Figura 5.3 - Funções do encéfalo.

5.2.3 Barbitúricos

Barbitúrico é o nome dado a um composto químico orgânico sintético derivado do "ácido barbitúrico" que foi descoberto por Adolf von Baeyer em 1864. A substância é chamada de malonilureia ou hidropirimidina. Esta substância resulta da união do ácido malônico com a ureia, de onde se podem extrair substâncias com uso terapêutico. É um grupo de substâncias depressoras do sistema nervoso central. São usados como antiepilépticos, sedativos e hipnóticos. Os barbitúricos têm uma pequena margem de segurança entre a dosagem terapêutica e a tóxica. Todos os barbitúricos deprimem o sistema nervoso central (SNC) com efeito semelhante aos anestésicos inalatórios, como o halotano, utilizados para fazer um paciente dormir antes de uma cirurgia.

Os barbitúricos podem causar morte por depressão respiratória e cardiovascular se forem administrados em excesso, daí sua utilização controlada nos dias atuais somente por médicos anestesistas. Pela falta de segurança, hoje esses medicamentos são pouco utilizados para hipnose e quadros de ansiedade, sendo os benzodiazepínicos (mecanismo semelhante de ação) ou medicamentos que atuam na fisiologia da serotonina mais adequados. Não podemos esquecer de que a terapêutica medicamentosa e clínica dessas doenças são amplas e em constante estudo. Seu uso mais comum na medicina envolve quadros de epilepsia (com o fenobarbital, por exemplo) e na anestesia intravenosa (com o tiopental, por exemplo). Os barbitúricos induzem alto grau de tolerância e dependência, somente receitados ou utilizados em procedimentos pelos médicos.

Os barbitúricos pertencem ao grupo de substâncias sintetizadas artificialmente desde o começo do século XX. Possuem diversas propriedades em comum com o álcool e com outros tranquilizantes (benzodiazepínicos). Seu uso inicial foi dirigido ao tratamento da insônia, porém a dose para causar os efeitos terapêuticos desejáveis não está muito distante de doses tóxicas ou letais.

5.2.4 Benzodiazepínicos

Esse grupo de substâncias começou a ser utilizado na medicina durante os anos 60 por possuir similaridades importantes com os barbitúricos. Em termos de ações farmacológicas, com a vantagem de oferecer uma maior margem de segurança, ou seja, a dose tóxica, aquela que produz efeitos prejudiciais à saúde, é muitas vezes maior que a dose terapêutica, ou seja, a dose prescrita no tratamento médico. Os benzodiazepínicos atuam potencializando as ações do GABA (ácido gama-aminobutírico), o principal neurotransmissor inibitório do SNC o que causa a diminuição da ansiedade; indução do sono; relaxamento muscular; redução do estado de alerta.

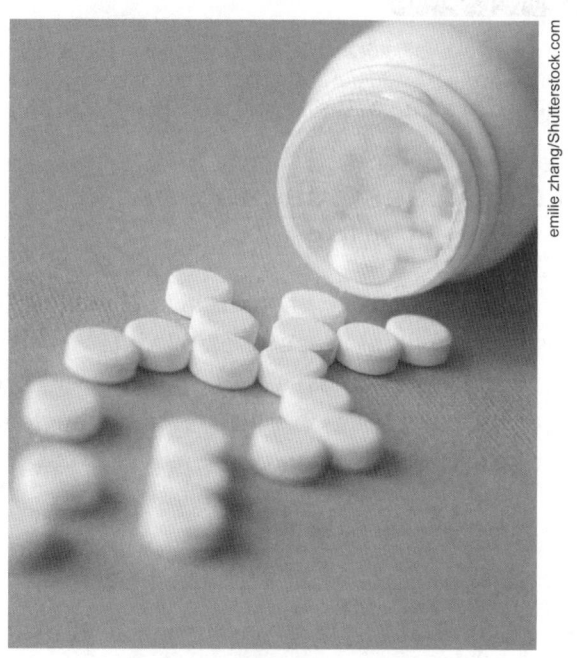

Figura 5.4 - Diazepam - droga depressora do SNC.

> **Amplie seus conhecimentos**
>
> A substância ativa diazepam faz parte do grupo dos benzodiazepínicos e possui propriedades ansiolíticas, miorrelaxantes e anticonvulsivantes. Sabe-se atualmente que tais ações são devidas ao reforço da ação do ácido gama-aminobutírico (GABA), o mais importante neurotransmissor inibitório cerebral. Leia a bula deste medicamento em: <http://www.bulas.med.br/bula/4817/diazepam.htm>.

5.2.5 Opioides

Opioide refere-se aos compostos relacionados ao ópio (termo grego para suco) da *Papaver somniferum (papoila-dormideira ou dormideira)*, como a morfina, codeína e tebaína (todos naturais), além dos derivados semissintéticos.

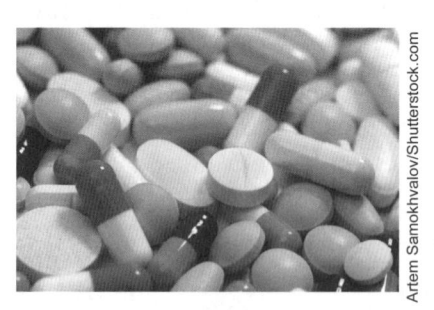

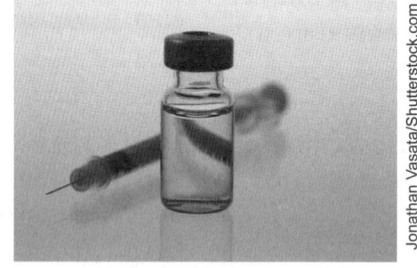

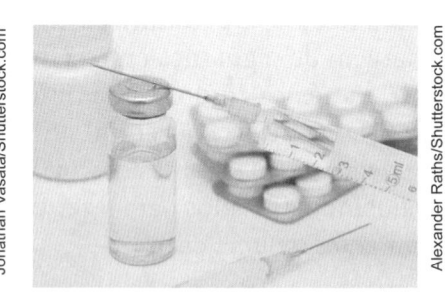

Figura 5.5 - Morfina injetável e comprimidos.

> **Fique de olho!**
>
> O grupo dos opioides inclui as drogas naturais, sintéticas e semissintéticas, obtidas a partir de modificações químicas em substâncias naturais. As drogas mais conhecidas desse grupo são a morfina, a heroína e a codeína, além de diversas substâncias totalmente sintetizadas em laboratório, como a metadona e meperidina.

5.2.6 Classificação dos opioides

A seguir, você encontrará a classificação dos opioides e os respectivos produtos farmacêuticos relacionados a eles, por exemplo, a Naloxona, que está classificada como análogo da morfina e é um antagonista.

I – Análogos da Morfina:

» Agonistas: Morfina, Heroína, Codeína.
» Agonistas Parciais: Nalorfina e Levalorfan
» Antagonistas: Naloxona

II – Derivados Sintéticos:

» Fenilpiperidinas (Meperidina e Fentanil)
» Metadona (Metadona e Dextropropoxifeno)
» Benzomorfan (Pentazocina)
» Tebaína (Etorfina)

III – Antagonistas:

» Nalorfina
» Naloxona
» Naltrexona

A morfina é um medicamento – fármaco narcótico - que é usado no tratamento sintomático da dor. Ela está presente no ópio. Alguns dos efeitos mais comuns do uso da morfina são:

a) Comuns: euforia, que pode conduzir à dependência;
b) Sedação: miose – constrição da pupila do olho;

c) **Depressão respiratória:** em overdose, constitui a principal causa de morte. Há alguma diminuição da respiração mesmo em doses terapêuticas;

d) **Supressão da tosse:** pode ser perigosa se houver infecções pulmonares;

e) **Rigidez muscular:** vasodilatação com calores na pele;

f) **Outros sintomas:** prurido cutâneo, ansiedade, alucinações, pesadelos e até mesmo vômitos por ativação da zona postrema medular centro emético neuronal.

Solventes e inalantes

Esse grupo de substâncias, entre os depressores, não possui nenhuma utilização clínica, com exceção do éter etílico e do clorofórmio, que já foram largamente empregados como anestésicos gerais e que atualmente já foram substituídos. Solventes podem tanto ser inalados involuntariamente por trabalhadores quanto ser utilizados como drogas de abuso, por exemplo, a cola de sapateiro. Outros exemplos são o tolueno, o xilol, o n-hexano, o acetato de etila, o tricloroetileno, além dos já citados éter e clorofórmio, cuja mistura é chamada, frequentemente, de "lança-perfume", "cheirinho" ou "loló". Podemos encontrar alguns anestésicos inalatórios, tais como o Halotano, Fluoretano, Enflurano, Desflurano dentre outros, sendo usados por profissionais de forma abusiva.

Figura 5.6 - Solventes de tintas.

> **Lembre-se**
>
> **Agonista:** na farmacologia, refere-se à característica de algumas substância química que atua em determinados receptores, desencadeando uma resposta que pode ser um aumento ou uma diminuição numa manifestação particular da atividade celular ou de células às quais os receptores estejam associados. Dessa forma, a molécula interage com receptores por meio de forças de Van der Waals ou ligações covalentes, ocasionando alterações celulares, podendo existir ou não uma resposta fisiológica.
>
> **Antagonista:** compostos químicos que se ligam a receptores sem ativá-los.
>
> **Sintético:** é um elemento obtido através de síntese (composição) em laboratório.

> **Vamos recapitular?**
>
> Neste capítulo você estudou as substâncias depressoras da atividade mental, o funcionamento do mecanismo de ação cerebral, a relação do álcool e dos barbitúricos, nome dado a um composto químico orgânico sintético derivado do "ácido barbitúrico" e, por fim, estudou a morfina, opioides e as substâncias inalatórias (lança-perfume, cola) e os solventes.

Agora é com você!

1) Os barbitúricos podem causar morte por depressão respiratória e cardiovascular, se forem administrados em excesso, daí sua utilização ser controlada nos dias atuais. Com base nessa assertiva, explique como deve ser este controle, e quais são os órgãos responsáveis por este controle.

2) Reúna-se em grupo de duas ou três pessoas e faça uma pesquisa sobre as substâncias responsáveis pela neurotransmissões cerebrais, disponíveis em:

   <http://www.espacocomenius.com.br/cerdrogasquatro.htm> ou <http://pt.wikipedia.org/wiki/Neurotransmissor> e responda as questões referentes às substâncias a seguir sobre a definição de cada uma delas:

   a) Dioxifenilalanina.

   b) Àcido gama-aminobutírico.

   c) Glutamato.

   d) Serotonina.

   e) Acetilcolina.

   f) Noradrenalina.

   g) B-Endorfinas.

3) Faça uma pesquisa prática de campo. Descubra quais produtos considerados drogas depressoras você conseguiria comprar no comércio (farmácia, lojas de tintas, supermercados e outros). Anote o nome de cada substância, como e onde conseguiria todas elas. E por último se venderiam para adolescentes.

Produto	Substância	Como é Vendido	Onde encontrou	É vendido para menores

6

Drogas Estimulantes do Sistema Nervoso Central

Para começar

Você conhecerá as substâncias depressoras da atividade mental. Conhecerá os benzodiazepínicos, os opioides e a classificação sobre os solventes e as drogas inalantes.

As drogas estimulantes da atividade mental são substâncias que aceleram e ativam (estimulam) a atividade do sistema nervoso central – SNC (cérebro), passando a funcionar mais rapidamente. A pessoa anda mais, corre mais, dorme menos, fala mais, come menos, e assim por diante.

6.1 Tipos de drogas estimulantes

São incluídas nesse grupo as drogas que são capazes de aumentar a atividade de determinados sistemas neuronais, acarretando consequências tais como: estado de alerta exagerado, insônia e aceleração dos processos psíquicos. Algumas são de origem vegetal, por exemplo, a cafeína do café ou chá.

Todos sabem que o café tira o sono, deixa a pessoa mais ativa e mais acordada, e esse é o efeito de uma substância estimulante, só que em proporções menores. A cafeína é um estimulante suave do cérebro. Outro exemplo é a cocaína, obtida de uma planta chamada *Erythroxylon coca*. Só que a cocaína é um estimulante muito mais poderoso que a cafeína. Temos ainda os estimulantes sintéticos, isto é, os que são fabricados em laboratório, como a anfetamina "bolinha", a metanfetamina "ice" ou "pervitin", e várias substâncias usadas para tirar a fome ou manter os viajantes ou caminhoneiros acordados, também chamados anoréticos ou inibidores do apetite.

Figura 6.1 - A cocaína é um alcaloide presente numa planta sul-americana, a coca, cujo nome científico é *Erythroxylon coca*.

anfetaminas, metanfetaminas e similares, mesma classe de drogas da cocaína, crack cristais de anfetamina. Atualmente, as drogas anorexígenas utilizadas no Brasil estão em 60% das prescrições médicas. O Brasil está classificado como um dos maiores consumidores de anfetaminas do planeta.

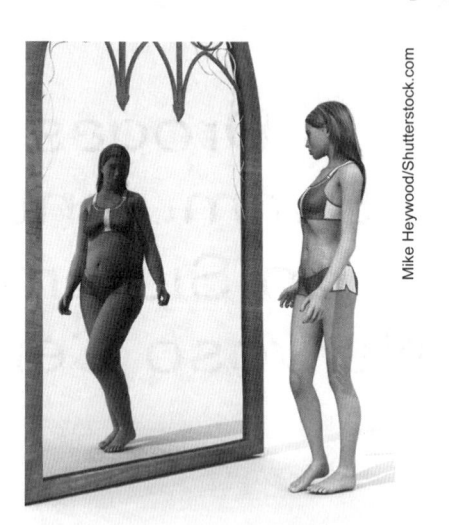

Figura 6.2 - Anorexia.

6.2 Efeitos físicos agudos dos estimulantes após uma dose

Causam leve euforia, "alegria", aumentam a vigilância possibilitando a atenção continuada e tiram o sono; aumentam a atividade motora - "desempenho atlético" - e diminuem a sensação de fadiga, agem na pupila dos olhos produzindo dilatação - "midríase" -, aumentam o número de batimentos cardíacos - "taquicardia" - e a pressão arterial. Quando houver exagero na dose tomada ou se a pessoa for extremamente sensível, a temperatura do corpo pode subir muito, "até 40-41ºC", podendo fazer com que a pessoa tenha convulsões.

6.3 Anoréticos

Anorexígenos, anoréticos ou anomirineronéticos são medicamentos com a finalidade de induzir a anorexia - aversão ao alimento, a provocar a falta de apetite, ou seja, são os famosos remédios para emagrecer. Geralmente são

6.4 Efeitos físicos agudos com o uso contínuo dos estimulantes após uma dose

A pessoa geralmente fica muito magra, pois não come; sua pressão está sempre elevada. Os usuários crônicos (que usam sempre) utilizam doses elevadas, frequentemente injetadas na veia, causando sensação de prazer intenso, do tipo orgásmico. Há evidências em animais de que o uso continuado acaba por destruir células cerebrais (neurônios).

6.5 Efeitos psíquicos agudos com o uso contínuo dos estimulantes

A pessoa fica mais agressiva, irritadiça, começa a suspeitar de que outros estão tramando contra ela: é o chamado delírio persecutório. Dependendo da quantidade da dose e da sensibilidade da pessoa, podem surgir um verdadeiro estado de paranoia e até alucinações. Acompanham tremores, respiração rápida, confusão do pensamento e repetição compulsiva de atividades. Em doses elevadas pode produzir um estado que se assemelha muito a uma doença mental, a esquizofrenia.

As drogas estimulantes são utilizadas em forma de comprimidos, na forma injetável (usuários crônicos) e na forma de pó "aspirado pelo nariz". É também comum os comprimidos serem dissolvidos em bebidas alcoólicas, e mais recentemente a metanfetamina "ice" está sendo fumada em cachimbos.

6.6 As substâncias mais comuns de efeito estimulante

As anfetaminas, estimulantes do sistema nervoso central (SNC), são substâncias sintéticas, ou seja, produzidas em laboratório. Existem várias substâncias sintéticas que pertencem ao grupo das anfetaminas. São drogas "anfetamínicas": o fenproporex, o metilfenidato, o manzidol, a metanfetamina e a dietilpropiona. Estas substâncias atuam aumentando a liberação e prolongando o tempo de atuação de neurotransmissores utilizados pelo cérebro, como a dopamina e a noradrenalina, o que permite uma maior vigília e estimulação.

6.7 Informações importantes sobre anfetaminas

Quando uma pessoa é surpreendida transportando um estimulante, como anfetaminas, deve-se verificar:

1) qual é a quantidade que está transportando;
2) se está dentro do que se usa em um tratamento;
3) se a pessoa tem uma receita médica.

Nesses três casos, se a quantidade levada estiver dentro do que se usa em um tratamento e a pessoa tiver a receita médica, nada acontecerá: mas levar grande quantidade com ou sem receita pode ser considerado tráfico, dependendo da situação, também de acordo com a Lei nº 6368/76 e a Lei nº 11.343 de 2006, cabendo ao juiz analisar e determinar se a quantidade é para consumo ou tráfico.

Figura 6.3 - Tráfico.

6.8 Outros efeitos das anfetaminas

Efeito do estimulante anfetamina sobre a memória: a pessoa faz contas, lê ou escreve mais rapidamente, mas consequentemente comete mais erros, e por estar hiperexcitada não guarda bem as coisas; como consequência a memória tem prejuízo. Por outro lado, o indivíduo que abusa na dosagem precisará de doses cada vez maiores. E, gradativamente, sua memória e outras funções mentais também sofrerão prejuízos.

Quando as anfetaminas são utilizadas para atividade sexual, com o intuito de intensificar as experiências sexuais, o resultado pode ser uma ejaculação precoce ou um orgasmo prematuro. Altas doses e uso em longo prazo estão associados à impotência e outras disfunções sexuais tanto para homens como para as mulheres.

6.9 Abuso de drogas leva a ejaculação precoce, redução de libido e impotência

Quase metade dos dependentes de álcool e outras drogas tem alguma disfunção sexual, segundo mostra uma pesquisa conduzida pela unidade de pesquisa em álcool e drogas da Unifesp (Universidade Federal de São Paulo). O número encontrado (47%) é bem maior do que o registrado na população em geral, que é de 18%, segundo o Estudo da Vida Sexual do Brasileiro, que ouviu mais de 7.000 pessoas em 2004.

Os principais problemas levantados foram: ejaculação precoce (39%), diminuição do desejo sexual (19%), dificuldade de ereção (12%), retardo na ejaculação (8%) e dor durante a relação sexual (4%). Quase a metade dos 215 entrevistados, com idade média de 35 anos, usava mais de um tipo de substância psicoativa.

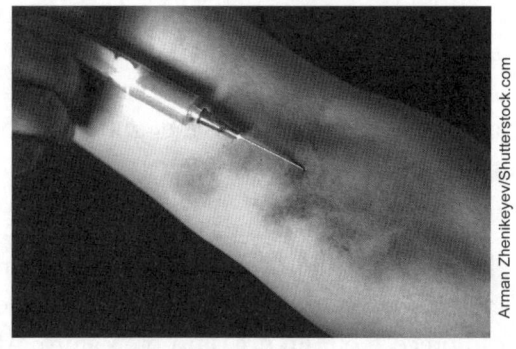

Figura 6.4 - Preparo da droga e injeção na veia.

6.10 Cocaína

A cocaína normalmente é consumida na forma de pó (cloridrato de cocaína), aspirado ou dissolvido em água, e injetado na corrente sanguínea, ou sob a forma de uma pedra, que é fumada, o crack. Existe ainda a pasta de coca, um produto menos purificado, que também pode ser fumado, conhecido como merla, que é uma mistura de diversas substâncias tais como gasolina, cloridrato de cocaína (cocaína em pó), bicarbonato de sódio ou amónia e água destilada. A cocaína é um potente estimulador do sistema nervoso central (SNC).

6.11 Cocaínas, pasta de coca, crack, merla

A cocaína pode chegar até o consumidor sob a forma de um sal, o cloridrato de cocaína, o "pó", "farinha", "neve" ou "branquinha", que e serve para ser aspirado ("cafungado") ou dissolvido em água para uso intravenoso ("pelos canos", "baque"), ou sob a forma de base. O crack é pouco solúvel em água, mas se volatiliza quando aquecido, por isso, é fumado em "cachimbos".

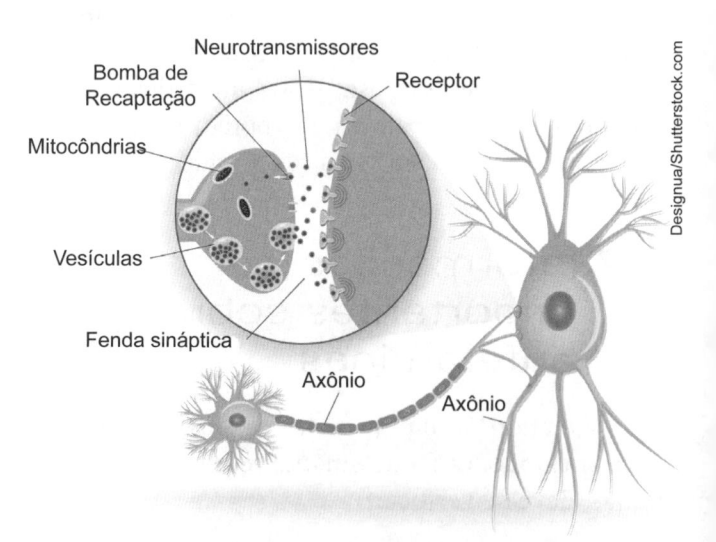

Figura 6.5 - A estrutura de uma sinapse química (modificada pelo autor) é alterada quando uma droga entra em ação.

6.12 Efeito da droga no cérebro

Enquanto o crack ganhou popularidade em São Paulo, a cidade de Brasília foi vítima da merla. De fato, estudos científicos recentes mostram que mais de 50% dos usuários de drogas da capital federal fazem uso de merla e apenas 2% do crack. Quando a cocaína ou outras drogas derivadas entram no sistema de recompensa do cérebro, elas bloqueiam os sítios transportadores de dopamina que têm a função de levar de volta a dopamina que estava agindo na sinapse. Uma vez bloqueados estes sítios, a dopamina não é receptada, ficando, portanto, "solta" no cérebro até que a cocaína saia. Quando um novo impulso nervoso chega, mais dopamina é liberada na sinapse, mas ela vai se acumular no cérebro por seus sítios receptadores estarem bloqueados pela cocaína. Acredita-se que a presença de dopamina por longo período no cérebro é que causa os efeitos de prazer associados ao uso da cocaína.

Lembre-se

Tolerância: a tolerância acontece quando o organismo acaba por se acostumar ou fica tolerante à droga, ou seja, a droga faz a cada dia menos efeito. Assim, para se obter o que se deseja, é preciso ir aumentando cada vez mais as doses.

Veja o site do Centro Brasileiro de Drogas Psicotrópicas - Cebrid/Unifesp: <http://www.cebrid.epm.br/folhetos/anfetaminas_.htm>.

6.13 Efeitos tóxicos da cocaína

A pessoa que usa a cocaína fica violenta, irritável, tem tremores e atitudes bizarras devido ao aparecimento de paranoia. Os efeitos provocados pela cocaína ocorrem por todas as vias (aspirada, inalada, endovenosa). Assim, o crack e a merla podem produzir aumento das pupilas (midríase), que prejudica a visão; é a chamada "visão borrada". O uso da substância ainda pode provocar dor no peito, contrações musculares, convulsões e até coma. Mas é sobre o sistema cardiovascular que os efeitos são mais intensos. A pressão arterial pode elevar-se e o coração pode bater muito mais rapidamente (taquicardia). Em casos extremos, chega a produzir parada cardíaca por fibrilação ventricular (o coração fica vibrando ao invés de bombear). A morte também pode ocorrer devido à diminuição de atividade dos centros cerebrais que controlam a respiração.

O uso crônico da cocaína pode levar a degeneração irreversível dos músculos esqueléticos, conhecida como rabdomiólise.

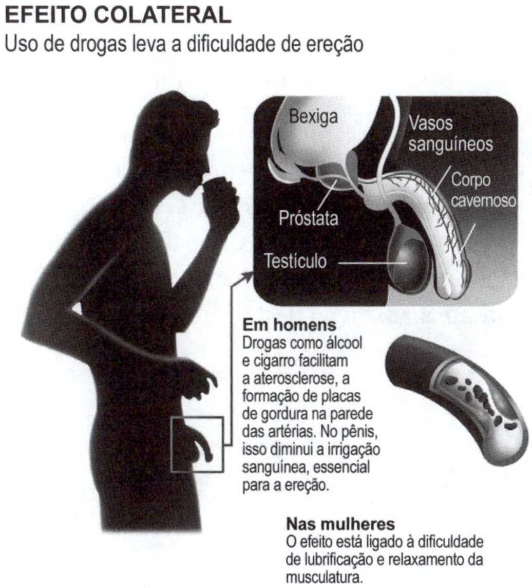
EFEITO COLATERAL
Uso de drogas leva a dificuldade de ereção
Bexiga
Vasos sanguíneos
Corpo cavernoso
Próstata
Testículo
Em homens
Drogas como álcool e cigarro facilitam a aterosclerose, a formação de placas de gordura na parede das artérias. No pênis, isso diminui a irrigação sanguínea, essencial para a ereção.
Nas mulheres
O efeito está ligado à dificuldade de lubrificação e relaxamento da musculatura.

Ilustração: Sansone Arte

Figura 6.6 - Disfunção sexual.

Fique de olho!

O uso prolongado da cocaína pode fazer com que o cérebro se adapte a ela, de forma que ele começa a depender desta substância para ter seu funcionamento normal, diminuindo os níveis de dopamina no neurônio. Se o indivíduo parar de usar a substância, já não existe dopamina suficiente nas sinapses e então ele experimenta o oposto do prazer: a fadiga, a depressão e humor alterado.

6.14 Efeitos da metanfetamina

O sintoma mais expressivo é a "preguiça" e sonolência diurna excessiva, que deixa a pessoa em perigo durante a realização de tarefas comuns, como dirigir ou conduzir, operar certos tipos de máquinas e outras ações que exigem concentração. Isso faz com que a pessoa passe a apresentar dificuldades no trabalho, na escola e, até mesmo, em casa.

Esta droga manifesta um grande potencial de dependência e a sua utilização crônica pode conduzir ao aparecimento de comportamentos psicóticos e violentos, em consequência dos danos que causa ao SNC.

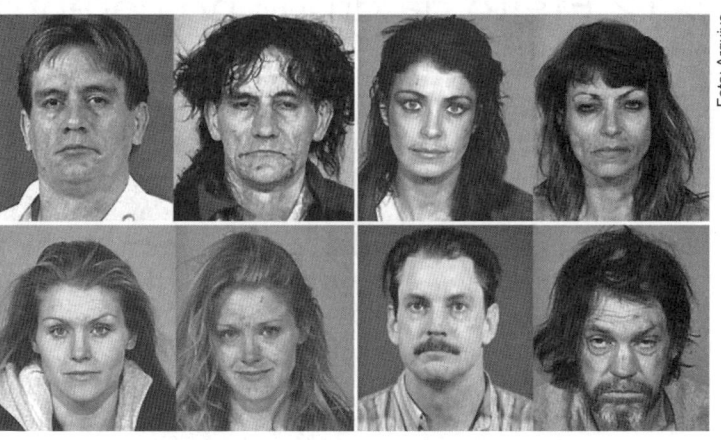

Figura 6.7 - Antes e depois do uso constante de drogas. As mudanças externas são evidentes para quem faz uso de drogas.

As imagens da Figura 6.7 são tristes, mas servem de alerta, principalmente aos jovens, para que eles vejam o que acontece com as pessoas que trilham o caminho das drogas. apesar de parecer prazeroso no começo, o fim é tragico e nem sempre tem volta

Vamos recapitular?

Neste capítulo você compreendeu um pouco mais sobre as substâncias estimulantes, mais precisamente a cocaína e a metanfetamina, a ativação delas no sistema nervoso e seus efeitos. Conheceu não só os objetos do usuário do crack, mas também a triste mudança física de uma pessoa usuária de drogas. Aprendeu sobre as substâncias estimulantes da atividade mental e outros efeitos sobre o organismo. Estudou os problemas sexuais e cerebrais causado pelas substâncias psicoativas e de como o corpo reage frente à absorção destas drogas.

Agora é com você!

1) Após a leitura da Lei nº 11.343/06, que revogou a Lei nº 6.378/76 que tratava da prevenção contra o uso de substâncias ilícitas, reúna-se em grupo de dois ou três alunos e transcreva as informações que achar mais interessantes, justificando cada uma de suas conclusões sobre drogas. Para ajudá-lo em sua resposta, leia o artigo disponível em: <http://www.webartigos.com/artigos/analise-do-art-33-da-nova-lei-de-drogas-e--sua-eficacia-processual/43317/>.

7 Drogas Perturbadoras da Atividade do Sistema Nervoso Central

Para começar

Estudaremos as substâncias perturbadoras das atividades mentais e as compreenderemos por meio de um breve histórico. Você aprenderá sobre a maconha, que aparece nas estatísticas como uma das substâncias mais usadas no mundo, e aprenderá como ela atua no cérebro. Entenderá as consequências das drogas alucinógenas e conhecerá alguns termos conhecidos na área da saúde, tais como alucinação, psicotomiméticos, intoxicação, pânico e *delirium*, flashbacks e abstinência.

Nesse grupo de drogas classificam-se diversas substâncias cujos efeitos principais são as alterações no funcionamento cerebral, que resultam em vários fenômenos psíquicos anormais, dentre os quais destacamos os delírios e as alucinações. Por essa razão, essas drogas receberam a denominação de "alucinógenos".

7.1 Drogas perturbadoras da atividade mental

De uma forma geral, podemos definir alucinação como uma percepção sem objeto, ou seja, a pessoa vê, ouve ou sente algo que realmente não existe. Delírio, por sua vez, pode ser definido como um falso juízo da realidade, ou seja, o indivíduo passa a atribuir significados anormais aos eventos que ocorrem à sua volta. A pessoa vê coisas que não existem.

Há uma realidade, um fator qualquer, mas a pessoa delirante não é capaz de fazer avaliações corretas a este respeito. Por exemplo, no caso do delírio persecutório, nota em toda parte indícios claros – embora irreais – de uma perseguição contra a sua pessoa. Esse tipo de fenômeno ocorre de modo espontâneo em certas doenças mentais, denominadas psicoses, razão pela qual essas drogas também são chamadas psicomiméticos.

Figura 7.1 - *Cannabis sativa*: maconha ou *marijuana*.

7.2 Breve histórico das drogas perturbadoras do SNC

As drogas perturbadoras tiveram sua utilização popularizada nas décadas de 60 e 70, com o movimento hippie. Este fenômeno sociocultural representava uma revolta contra os valores exclusivamente competitivos e materialistas, incorporados ao modo de vida das sociedades industriais, que colocavam em segundo plano os sentimentos mais íntimos e as necessidades místico-religiosas. Denunciando certas características de alienação da sociedade industrial, os hippies incluíam o uso de algumas drogas em sua contestação à procura do "*flower-power*" (poder das flores) e da paz. Nesta época, cresceu o número de pessoas que passaram a fazer uso de drogas alucinógenas como manifestação simbólica dos seus ideais.

7.3 Maconha

Há na *Cannabis sativa* (maconha) muitas substâncias denominadas canabinoides. Deste vegetal as folhas e inflorescências secas podem ser fumadas ou ingeridas. Há também o haxixe, pasta semissólida obtida por meio de grande pressão nas inflorescências, preparação com maiores concentrações de THC (tetra-hidrocanabinol), uma das diversas substâncias produzidas pela planta, principal responsável pelos seus efeitos psíquicos. Existe uma grande variação na quantidade de THC produzida pela planta, conforme as condições do clima, do solo e do tempo decorrido entre a colheita e o uso, bem como a sensibilidade das pessoas à sua ação, o que explica a capacidade de a maconha (percentual de tetra-hidrocanabinol encontrado na planta) produzir efeitos com mais ou menos intensidade.

A maconha possui toxinas cancerígenas que ficam armazenadas nas células dos usuários por muitos meses. Os usuários de maconha apresentam os mesmos problemas de saúde que os fumantes de tabaco, tais como bronquite, bronquite asmática e enfisema pulmonar. Muito dos efeitos da maconha também são expansão do diâmetro do coração, boca seca, avermelhamento dos olhos, capacidades motoras e concentração afetadas e fome frequente. O uso extremo causa danos aos pulmões e ao sistema reprodutor e também ao sistema imunológico. Ocasionalmente podem ocorrem alucinações, fantasias e paranoia. Diversos estudos apresentam propenção à esquizofrenia devido ao uso de maconha.

Figura 7.2 - Alucinação desenvolvida pelo cérebro durante o uso de drogas.

7.4 Alucinação

Percepção real de um objeto que não existe, ou seja, são percepções sem um estímulo externo. Dizemos que a percepção é real, tendo em vista a convicção inabalável da pessoa que alucina em relação ao objeto alucinado que vê, contudo muitas vezes esta vivência integra um delírio mais ou menos coerente classificável em diferentes quadros psiquiátricos, incluindo a psicose, patologia psiquiátrica que, entre outros sinais e sintomas, se caracteriza pela perda de contato com a realidade.

7.5 Psicomiméticos

Alucinógeno, psicodislépticos ou psicomiméticos são drogas que, mesmo em pequena quantidade, provocam alucinações (ver, ouvir, sentir coisas que não existem) e delírios (ideias falsas, absurdas até, que o indivíduo acredita serem reais). Não estimulam ou deprimem o funcionamento do sistema nervoso central, mas o deixam alterados, perturbando-o. "Psicodisléptico" significa "que dificulta a função mental", e "psicomiméticos", "que simulam psicose" (o termo médico para os quadros de "loucura").

7.6 Intoxicações e outros sintomas pelo uso da maconha

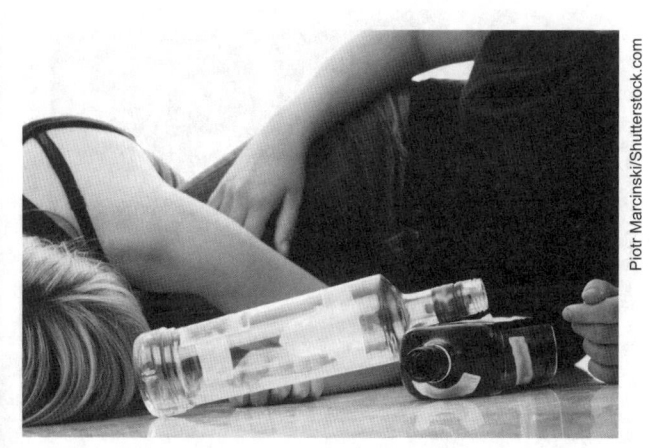

Figura 7.3 - Intoxicação alcoólica.

7.6.1 Intoxicação pelas drogas perturbadoras da atividade mental

Os sintomas de intoxicação incluem euforia ou disforia, risos inapropriados, distorção da sensação de tempo, ansiedade, retraimento social, comprometimento do juízo e os seguintes sinais objetivos: congestão conjuntival, aumento do apetite, boca seca e taquicardia.

A maconha causa também hipotermia (diminuição da temperatura corporal), dose-dependente e discreta sedação. Frequentemente é utilizada com álcool, cocaína ou outras drogas. O tratamento da intoxicação habitualmente não é necessário. Pode causar despersonalização ou (raramente) alucinações. Mais frequentemente, causa um leve distúrbio delirante, usualmente persecutório (pessoas que tem idéias de perseguição e que acham que são perseguidas pelos seus atos e palavras), que raramente requer medicação. Em doses muito altas, pode causar um leve *delirium* com sintomas de pânico ou uma prolongada psicose por cannabis (que pode vir a ter duração de até seis semanas). O uso crônico pode levar à ansiedade ou a estados depressivos e síndrome apática amotivacional.

Há controvérsias entre a dependência e a síndrome de abstinência. Há muitos indivíduos que abusam e apresentam dependência psicológica, porém a abstinência forçada, mesmo em usuários de altas quantidades, não causa de forma consistente uma síndrome de abstinência característica. É considerada uma droga de entrada, que leva ao abuso de drogas mais pesadas. O teste de THC na urina pode resultar positivo por muitos dias após a intoxicação.

Há diversas reações adversas que podem ocorrer pelo uso da maconha e levar o indivíduo a buscar atenção médica. Tais reações são semelhantes àquelas que surgem após o uso de alucinógenos.

7.6.2 Pânico agudo

Uma reação de pânico tende a ocorrer em usuários sem experiência que acham a perda do controle de seus pensamentos bastante assustadora. Esses indivíduos podem ser paranoicos, e seus pensamentos podem parecer desagregados. Seu temor mais frequente é de que eles nunca "voltarão ao normal". O tratamento consiste em reassegurar ao paciente que ele não está ficando maluco, que os sintomas foram causados por uma dose excessiva de maconha e desaparecerão em algumas horas. O uso de medicação psicotrópica para tratamento é desnecessário.

Figura 7.4 - Pessoa com *delirium* e alucinações.

7.6.3 *Delirium*

Após uma dose elevada de THC – maconha, os pacientes podem ficar confusos e desenvolver sentimentos de despersonalização (desordem dissociativa, caracterizada por experiências de sentimentos de irrealidade, de ruptura com a personalidade, processos amnésicos e apatia), e desrealização, alucinações visuais e auditivas e ideias paranoicas. Essa síndrome é mais comum após a ingestão oral de maconha, talvez porque possa envolver doses mais elevadas de THC. O tratamento novamente consiste em reasseguramento e observação cuidadosa para que o paciente não venha a agredir terceiros ou a ferir-se.

Amplie seus conhecimentos

Assista ao vídeo sobre *delirium tremens* no qual aparece um paciente internado em episódios de *delírio*; disponível em: <https://www.youtube.com/watch?v=EosAtSpu1Pw>.

7.7 Experiências recorrentes com drogas ou flashbacks

Embora sejam mais comuns em usuários de alucinógenos, os flashbacks reminiscentes de experiências anteriores com maconha podem ocorrer durante alguns meses após a última dose da droga. Os pacientes devem ser tranquilizados de que esses por fim cessarão se eles permanecerem em abstinência à droga.

Os profissionais devem-se manter ao lado e junto do dependente nesse momento de crise a fim de proporcionar segurança e evitar acidentes.

Figura 7.5 - Alcoolismo. A doença é acompanhada de insônia e obsessões impulsivas.

7.8 Abstinência

Leve dependência física foi descrita em pessoas que utilizaram a droga cronicamente em doses muito elevadas. Os sintomas de abstinência podem incluir irritabilidade, insônia, sudorese, náuseas e vômitos. Não há necessidade de tratamento. Abstinência é uma decisão, muitas vezes forçada, que faz com que o indivíduo não faça mais algo, como beber, fumar ou consumir drogas.

> **Fique de olho!**
>
> Leia um pouco mais sobre os distúrbios causados pela maconha e outras drogas no manual de emergências psiquiátricas disponíveis no site:
>
> <http://www.bibliomed.com.br/book/showchptrs.cfm?Bookid=97&bookcatid=40>;

As substâncias perturbadoras da atividade do sistema nervoso central referem-se ao grupo de substâncias que modificam qualitativamente a atividade do cérebro. Ou seja, distorcem, perturbam o seu funcionamento, fazendo com que a pessoa passe a perceber as coisas deformadas, parecidas com as imagens dos sonhos. Este grupo de substâncias é também chamado de alucinógenos, psicodélicos, psicomiméticos, psicodislépticos, psicometamórficos e alucinantes.

As substâncias que compõem o grupo de perturbadores do SNC são:

» Anticolinérgicos – medicamentos
» Anticolinérgicas – plantas
» Maconha
» Cogumelo
» Cacto
» LSD-25

No próximo capítulo ainda veremos algumas ações das substâncias perturbadoras do sistema nervoso central.

Vamos recapitular?

Neste capítulo você estudou uma das mais polêmicas drogas da atualidade, uma substância perturbadora das atividades mentais, mais precisamente a maconha, denominada *Cannabis sativa*, e obteve conhecimento sobre todos os possíveis efeitos desta substância no organismo. Aprendeu as consequências das drogas alucinógenas e conheceu alguns termos da área da saúde, tais como alucinação, psicomiméticos, intoxicação, pânico e *delirium*, flashbacks e abstinência.

Agora é com você!

1) Descreva os efeitos do tetra-hidrocanabinol, momentâneos e tardios, no organismo humano.

2) Um executivo de uma empresa de grande porte costuma inalar cocaína, possivelmente levado por uma angústia existencial. Isto implica dizer que ele provavelmente (copie a(s) alternativa(s) correta(s) em seu caderno e justifique sua escolha):

   a) Esteja sob pressão das exigências de sua empresa.

   b) Sente-se inadequado no seu papel de marido, pai e profissional.

   c) Comemore a realização de um bom negócio.

   d) Pretenda obter ajuda de um superior para os seus negócios.

3) Como se distingue o uso de maconha por um colegial do Rio de Janeiro ou Brasília do uso da mesma droga por um camponês marroquino?

   a) No Brasil, fumar maconha é ilegal; no Marrocos não.

   b) Não se distingue; ambos fumam maconha.

   c) O colegial fuma por curiosidade ou busca autoafirmação; o camponês, por ser uma prática corriqueira.

   d) O colegial é um infrator; o camponês é integrado à sua cultura.

   Copie a alternativa correta em seu caderno e justifique sua escolha baseando-se na legislação estudada.

4) Como se distingue o uso de maconha por um adolescente do Rio de Janeiro ou Brasília do uso de "ganja" por um adolescente da área rural da Jamaica?

   a) Na área rural da Jamaica usa-se "ganja" como energético e tônico; na área urbana do Brasil usa-se maconha como alucinógeno e tranquilizante.

   b) Não há diferença; ambos consomem drogas.

   c) Em áreas rurais do Brasil, fumar maconha não é considerado ilegal, como não é ilegal fumar "ganja" na área rural da Jamaica.

   d) No Brasil maconha é ilegal, enquanto na Jamaica "ganja" é legal.

   Copie a alternativa correta em seu caderno e justifique sua escolha.

8 Drogas Perturbadoras – Alucinógenos e Estimulantes da Atividade do Sistema Nervoso Central

Para começar

Você estudará as drogas alucinógenas, também conhecidas como drogas perturbadoras da atividade do sistema nervoso central. Conhecerá sobre o LSD (ácido lisérgico), ecstasy, anticolinérgicos, cacto (peyote), os chamados e conhecidos como cogumelos, o tabaco, a cafeína e o chocolate e por fim conhecerá sobre os esteroides anabolizantes.

8.1 Alucinógenos

Definição dada a diversas drogas que possuem a propriedade de provocar uma série de distorções do funcionamento normal do cérebro, trazendo como consequência alterações psíquicas, entre as quais alucinações e delírios, sem que haja uma estimulação ou depressão da atividade cerebral. Fazem parte deste grupo o ecstasy e a dietilamida do ácido lisérgico (LSD). Há também diversas plantas com propriedades alucinógenas, por exemplo, alguns cogumelos (*Psylocibe mexicana*, que produz a psilocibina), a jurema (*Mimosa hostilis*) e outras plantas eventualmente utilizadas na forma de chás e beberagens alucinógenas.

8.2 Dietilamida do ácido lisérgico: LSD

Substância alucinógena sintetizada artificialmente, e uma das mais potentes com ação psicotrópica de que se tem conhecimento. As doses de 20 a 50 milionésimos de grama produzem efeitos com duração de 4 a 12 horas. Seus efeitos dependem muito da sensibilidade da pessoa com a droga, de seu estado de espírito no momento da utilização e também do ambiente em que se dá o uso.

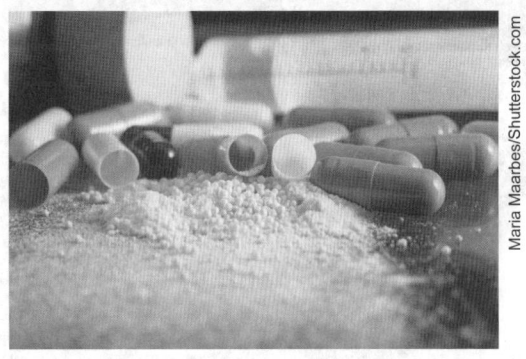

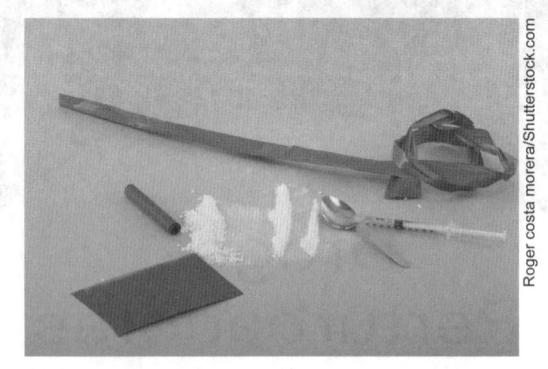

Figura 8.1 - Ácido lisérgico.

8.3 Ecstasy (3,4-metileno-dioximetanfetamina ou MDMA)

É uma substância alucinógena que tem relação química com as anfetaminas, e apresenta propriedades estimulantes. Seu uso está associado a certos grupos, como os jovens frequentadores de baladas, festas rave ou boates. Há relatos de casos de morte por hipertermia maligna, em que a participação da droga não é completamente esclarecida. Possivelmente, a droga estimula a hiperatividade e aumenta a sensação de sede e induz um quadro tóxico específico desidratando o corpo da pessoa.

8.4 Anticolinérgicos

São substâncias provenientes de plantas ou sintetizadas em laboratório que têm a capacidade de bloquear as ações da acetilcolina, um neurotransmissor encontrado no sistema nervoso central (SNC) e no sistema nervoso periférico (SNP). Produzem efeitos sobre o psiquismo, quando utilizadas em doses elevadas, e também provocam alterações de funcionamento em diversos sistemas biológicos, portanto, são drogas pouco específicas.

8.5 Cacto (peyote)

Carlos Castañeda, em seu livro *A erva do diabo*, fala de uma experiência com o mescalito:

> Abriu a tampa e entregou-me o vidro: dentro havia sete artigos de aparência estranha. Eram de tamanhos e consistência variados. Ao tato, parecia a polpa de nozes ou superfície de cortiça. Sua cor acastanhada os fazia parecerem cascas de nozes duras e secas.

Era – e ainda é – empregado e venerado como amuleto, panaceia (remédio para todos os males) ou alucinógeno nas regiões montanhosas do México, bem antes da chegada dos

Figura 8.2 - *Peyote* (*Lophophora williamsii*).

conquistadores espanhóis. Era utilizado por algumas tribos indígenas como remédio, ou para visões que permitissem profecias. Ingerido em grupo, pode servir como indutor de estados de transe em certas atividades rituais. Os astecas o mascavam em festividades comunitárias e religiosas. O mescalito é considerado como protetor espiritual, pois acreditam que ele aconselha e responde a todas as perguntas feitas.

» Efeitos físicos e psíquicos do cacto: dilatação das pupilas, taquicardia, náuseas e vômitos; alucinações, suor excessivo e delírios. Essas reações psíquicas são variáveis; às vezes são agradáveis (boa viagem) ou não (má viagem), quando podem ocorrer visões terrificantes, como sensações de deformação do próprio corpo; não há desenvolvimento de tolerância, não induz à dependência e não ocorre síndrome de abstinência com o cessar do uso.

» Nomes populares do cacto: peyote, peyotl, peiote, mescal, mescalito.

8.6 Cogumelo

No Brasil existem duas espécies de cogumelos alucinógenos: o *Psylocibe cubensis* e a espécie do gênero Paneoulus.

Os efeitos físicos e psíquicos do cogumelo são:

» Os sintomas físicos são poucos definidos.

» Podem ocorrer dilatação das pupilas, taquicardia, náuseas e vômitos e suor excessivo.

» Não há desenvolvimento de tolerância. Não induz à dependência e não ocorre síndrome de abstinência.

» Produz alucinações, no entanto pode levar ao uso de outras drogas. e delírios, porém de-pende da personalidade e sensibilidade do indivíduo. As alucinações podem ser agradáveis. Em outras ocasiões, os fenômenos mentais podem ser desagradáveis (visões terrificantes, sensações de deformação do próprio corpo). Pode também provocar hilaridade (risos) e euforia.

Figura 8.3 - Cogumelo da floresta.

Um dos problemas deste alucinógeno, bem como da Datura, Daime (Ayahuasca), peyote e o LSD-25, é a possibilidade, felizmente rara, de a pessoa ser tomada de um delírio persecutório, delírio de grandeza ou acesso de pânico e, em virtude disto, tomar atitudes prejudiciais a si e aos outros.

Nomes populares do cogumelo: chá, cogu.
Nome científico: Amanita muscaria.

Amplie seus conhecimentos

A seguir um caso real: "Um jovem arquiteto coleta vários cogumelos. Prepara-os num liquidificador, com leite e leite condensado. Guarda essa mistura na geladeira de sua casa. Mais tarde, com grande sentimento de culpa, depara com sua avó, que bebera a mistura pensando tratar-se de batida de frutas ou vitamina, meio aterrorizada na sala de visitas, com a TV ligada, e discutindo amargamente com os personagens da novela – que haviam 'saído' do aparelho de TV e estavam pela sala."

Fonte: <http://www.imesc.sp.gov.br/infodrogas/cogumelo.htm>.

8.7 Tabaco

Um dos maiores problemas de saúde pública em diversos países do mundo é o tabaco, que é uma das mais importantes causas potencialmente evitáveis de doenças e morte.

Efeitos: doenças cardiovasculares (infarto, AVE (Acidente Vascular Encefálico) e morte súbita); doenças respiratórias (enfisema, asma, doença pulmonar obstrutiva crônica, bronquite crônica); diversas formas de câncer (boca, faringe, laringe, esôfago, pulmão, estômago, pâncreas, rim, bexiga e útero). Seus efeitos sobre as funções reprodutivas incluem redução da fertilidade, prejuízo do desenvolvimento fetal, aumento de riscos de gravidez ectópica e abortamento espontâneo. A nicotina é a substância presente no tabaco e provoca a dependência. Embora esteja implicada nas doenças cardiocirculatórias, não parece ser esta a substância cancerígena.

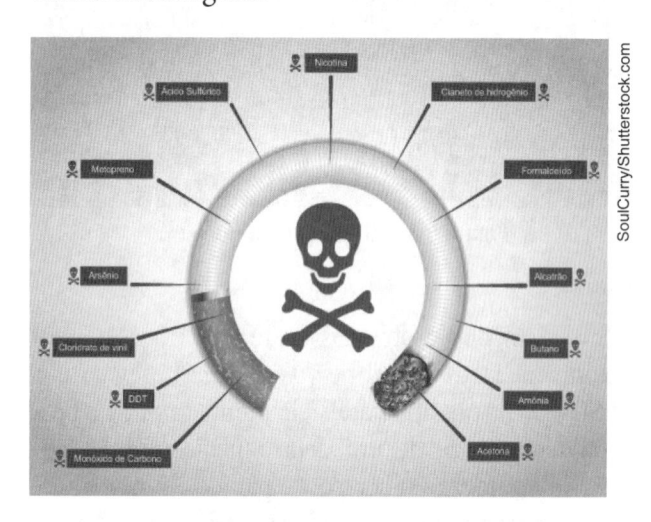

Figura 8.4 - Componentes tóxicos do cigarro: Monóxido de carbono, DDT, cloridrato de vinil, arsênico, metapreno, ácido sulfúrico, nicotina, cianeto de hidrogênio, formaldeído, alcatrão, butono, amônia, acetona.

As ações psíquicas da nicotina são complexas, com uma mistura de efeitos depressores e estimulantes. Mencionam-se o aumento da concentração e da atenção, da ansiedade e a redução do apetite. A nicotina induz tolerância e se associa a uma síndrome de abstinência com alterações do sono, irritabilidade, diminuição da concentração e ansiedade. Deformações no útero também pode ser causada pelo tabagismo. No caso dos fumantes passivos, existem evidências de que os não fumantes expostos à fumaça de cigarro do ambiente (fumantes passivos) têm um risco muito maior de desenvolver as mesmas patologias que afetam os fumantes.

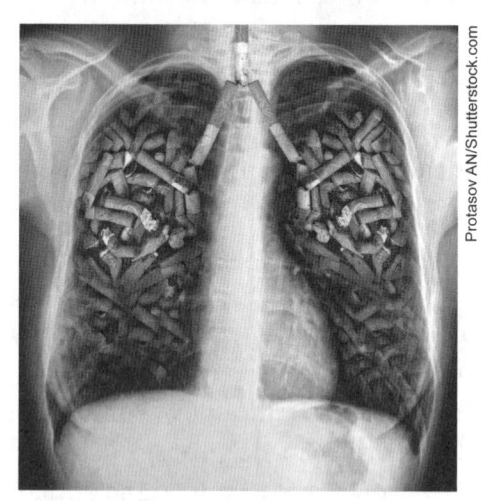

Figura 8.5 - O tabagismo prejudica principalmente as vias aéreas e os pulmões.

8.8 Cafeína

É um estimulante do SNC menos potente que a cocaína e as anfetaminas. O seu potencial de induzir dependência vem sendo bastante discutido nos últimos anos. Surgiu até o termo "cafeinismo" para designar uma síndrome clínica associada ao importante consumo (agudo ou crônico) de cafeína, caracterizada por ansiedade, alterações psicomotoras, distúrbios do sono e alterações do humor.

Figura 8.6 - Cafeína.

8.9 Chocolate

O chocolate pode ser usado por alguns como uma forma de automedicação para deficiências dietéticas (Mg-magnésio) ou equilibrar os baixos níveis dos neurotransmissores envolvidos na regulação do humor, apetite e comportamentos compulsivos. O consumo compulsivo pelo chocolate é frequentemente episódico e se altera com as mudanças hormonais logo antes e durante os períodos de menstruação na mulher, o que sugere um vínculo hormonal e confirma a natureza sexo-específica assumida destes episódios de compulsão pelo chocolate.

Figura 8.7 - Chocolate.

8.10 Esteroides anabolizantes

Os esteroides são compostos químicos sintéticos que produzem os mesmos efeitos anabólicos da testosterona. Nos EUA são classificados como "epidemia silenciosa". São muito usados entre os jovens que frequentam academias de ginástica. São encontrados com maior frequência nos exames antidoping feitos pelo Comitê Olímpico Internacional. Em muitas farmácias e academias brasileiras, os esteroides são vendidos sem nenhuma prescrição médica. Grande parte dos produtos aqui consumidos é vendida no exterior para animais. São vários os tipos de esteroides vendidos no mercado, entre os mais usados estão o oral e o injetável. Os esteroides anabolizantes orais são os mais nocivos (prejudiciais) à saúde, trazendo inúmeras consequências ao fígado.

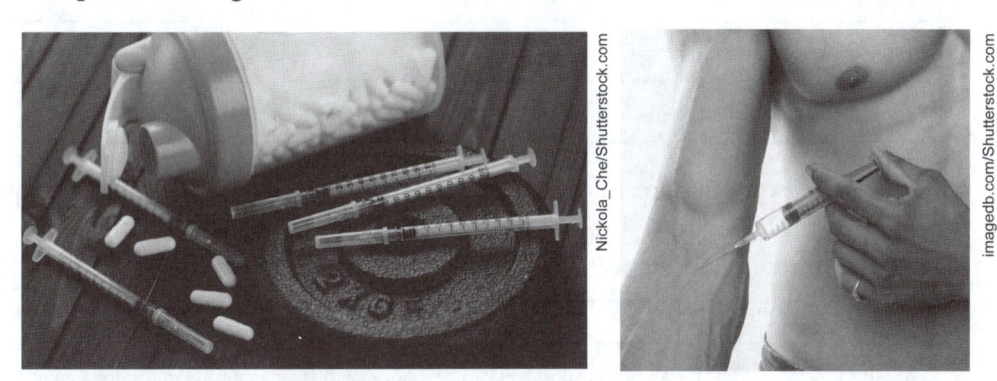

Figura 8.8 - Esteroides anabolizantes usados por atletas para aumentar a massa muscular.

Fique de olho!

Os efeitos adversos dos anabolizantes são: surgimento de doenças cardiovasculares; alterações no fígado, inclusive câncer; alterações musculoesqueléticas indesejáveis (ruptura de tendões, interrupção precoce do crescimento).

Vejamos alguns dos efeitos dos esteroides: hipertensão arterial; acne; hipertrofia da próstata; limitação do crescimento; atrofia testicular; esterilidade.

Embora sejam descritos efeitos euforizantes por alguns usuários dessas substâncias, essa não é, geralmente, a principal razão de sua utilização. Muitos indivíduos que consomem essas drogas são fisiculturistas, atletas de diversas modalidades ou indivíduos que procuram aumentar sua massa muscular. Podem desenvolver um padrão de consumo que se assemelha ao de dependência.

Recentemente a polícia prendeu droga feita com anestésico usado em cavalos que era vendida em festas no Rio Grande do Sul. Veja a reportagem em: http://g1.globo.com/rs/rio-grande-do-sul/noticia/2014/07/droga-feita-com-anestesico-usado-em-cavalos-e-vendida-em-festas-no-rs.html

Vamos recapitular?

Neste capítulo você estudou as drogas alucinógenas, também conhecidas como drogas perturbadoras da atividade do sistema nervoso central. Conheceu sobre o ácido lisérgico, que é muito conhecido como LSD, ficou sabendo mais sobre o ecstasy, muito usado nas baladas, conheceu os anticolinérgicos, o cacto ou peyote, muito utilizados em forma de chás, soube mais sobre as substâncias encontradas no tabaco, aprendeu sobre a cafeína e o chocolate e, por fim, conheceu os esteroides anabolizantes.

Agora é com você!

1) As drogas psicotrópicas agem no sistema nervoso central, produzindo alterações de comportamento, humor e cognição. De acordo com a ação destas no organismo do indivíduo, o pesquisador francês Chaloult classificou as drogas em três grandes grupos. Sua tarefa é escrever ao lado de cada grupo o nome de, pelo menos, três drogas correspondentes a eles:

Drogas estimulantes do sistema nervoso central
Drogas depressoras do sistema nervoso central
Drogas perturbadoras do sistema nervoso central

2) Faça uma pesquisa sobre 10 componentes do cigarro de tabaco, além dos que já apresentamos neste capítulo. Pesquise o que é cada uma das substâncias encontradas no tabaco e a finalidade; depois faça uma apresentação na sala de aula para toda a turma. Cada um apresentará uma substância.

> EXEMPLO: Ácido Sulfúrico: É uma das substâncias mais utilizadas nas indústrias. O maior consumo de ácido sulfúrico se dá na fabricação de fertilizantes, como os superfosfatos e o sulfato de amônio. É ainda utilizado nas indústrias petroquímicas, de papel, de corantes etc. e nas baterias de chumbo (baterias de automóveis).

3) Faça uma pesquisa sobre os diversos tipos de cogumelos existentes no Brasil e depois quais são os cogumelos considerados venenosos e perigosos para o consumo e também os considerados como drogas.

4) Escreva quais as consequências e os sintomas em uma pessoa que se intoxica com o chá do cogumelo.

5) Faça uma pesquisa sobre qual a substância que existe no café, no chocolate e nos anabolizantes que provoca prazer e pode causar excitação e, por fim, causar problemas orgânicos ao ser consumida em grande quantidade.

Legislação e Políticas Públicas Sobre Drogas

Para começar

Estudaremos a legislação e políticas sobre drogas, mais especificamente como chegar às políticas e às legislações e como são construídas. Estudaremos o que é responsabilidade compartilhada, as modalidades de políticas públicas quanto à natureza ou grau da intervenção, quanto à abrangência dos possíveis benefícios, quanto aos impactos que podem causar, e por final veremos neste capítulo as políticas públicas, o controle social e as políticas públicas setoriais.

As drogas acompanham o homem desde a antiguidade, e são inúmeros os registros do uso de diversas substâncias na literatura contemporânea encontrados nos relatos históricos da trajetória da humanidade.

Neste capítulo que se refere à legislação e política públicas sobre drogas, temos a intenção de apresentar alternativas sob a visão da responsabilidade compartilhada. E isso não é algo abstrato, é ação concreta e possível. Vamos demonstrar que em política pública o que conta, o que faz a diferença, é o cidadão.

Política pública é o estabelecimento de metas, mas com a garantia dos meios necessários que possibilitem sua execução. O conteúdo aqui apresentado com certeza não será inédito e nem conseguiremos abordar todas as ideias sobre o assunto, mas trazemos os pontos mais importantes para o conhecimento necessário para uma excelente compreensão no assunto. Lembre-se sempre, você faz parte da sociedade, e mais do que vítima, você inserido na sociedade faz parte desta solução.

9.1 Responsabilidade compartilhada

Geralmente quando se fala de política pública, somos levados a sentimentos de descrédito e até mesmo de aversão, imaginando que política pública é aquilo que é feito por tecnocratas ou políticos profissionais, que não nos diz respeito. E isso é um grande equívoco.

Abordaremos aqui o tema "Política Pública" sob a ótica da responsabilidade compartilhada. Não com a visão de que o Estado abre mão de parte de suas responsabilidades em detrimento do cidadão, mas que a sociedade assume para si a responsabilidade de participar ativamente na formulação e implantação de uma política sobre drogas no Brasil.

Quando falamos de políticas públicas, não estamos falando dos projetos de governos, mas de ações eficazes, eficientes, efetivas e permanentes do Estado, compreendido aqui como: União, Estados e Municípios.

Preocupa-nos também quando ouvimos jovens usando a expressão "não dá em nada". O que fazer? Na busca das respostas nos deparamos com o primeiro grande desafio a ser enfrentado nas questões sociais da sociedade contemporânea, o individualismo". As pessoas preferem não se preocupar com o que o outro está fazendo para não ter que se incomodar com o que pode vir a acontecer com elas mesmas". (PAULA, J.D. 2013)

Figura 9.1 - Legislação e justiça.

9.2 Definição de política pública

Podemos definir política pública como sendo as ações desenvolvidas e conjugadas pelo Estado, nas suas três esferas do poder público, federal, estadual e municipal, com o objetivo de atender as demandas de determinados setores da sociedade. Podendo ocorrer inclusive em parceria com as organizações não governamentais e/ou a iniciativa privada.

Há uma necessidade de interpretar a demanda em política pública como o desejo ou a necessidade de se obter um bem ou serviço, afirmando assim que a demanda é que influencia a oferta, ou seja, é quem determina o movimento da oferta (conceito que abordaremos mais a frente). Jonatas Davis de Paula (2013) em seu livro sobre Políticas e Legislação sobre Drogas afirma que existem três categorias de demandas:

» As novas: que resultam do surgimento de novos problemas ou atores políticos;
» As recorrentes: que decorrem de problemas mal resolvidos ou não resolvidos;
» As reprimidas: as constituídas por falta de decisão.

O governo, quando formula políticas públicas, além de identificar os desejos e as necessidades da população, avalia também os valores que norteiam aquela sociedade.

9.3 Os setores envolvidos

Em uma análise mais superficial poderíamos dizer que a sociedade se divide em três setores, sob um raciocínio simplista que fragmenta algo que é tão complexo e dinâmico quanto a própria sociedade, gerando assim compreensões equivocadas como as que atribuem ao terceiro setor um espírito altruísta, ao segundo setor uma postura egoísta e ao primeiro setor uma conduta questionável.

O conceito de setor tem como componentes aspectos particulares de um conjunto de atividades, esfera ou ramo de atividade que tem sido usado para a descrição de suas estruturas e dinâmicas.

Vamos conhecer o que denominamos os três setores envolvidos.

» Primeiro Setor: é chamado de Estado, composto pelas organizações e entidades que representam o governo, tanto no âmbito federal, estadual e municipal.

» Segundo Setor: é chamado de privado, formado pelo conjunto das empresas privadas, que são organizações de direito privado e que atuam com fins lucrativos.

» Terceiro setor: é utilizado para nos referirmos à sociedade civil organizada, formada por organizações de direito privado e sem fins lucrativos, que geram bens e serviços de caráter público.

Para que possamos avançar na compreensão dos setores envolvidos é preciso desenvolver uma forma de pensamento que distingue, mas não separa; que amplia e não reduz; que vislumbra, sem necessariamente delimitar; que relaciona, ao invés de isolar; que aprecia, ao invés de definir.

Em diversas situações poderemos citar um destes setores: o Estado, Instituições ou Organizações Governamentais – (OGs), as Empresas Privadas (EPs), ou as Organizações Não Governamentais (ONGs). Quando no referimos à Sociedade, estamos nos dirigindo ao conjunto maior, composto pelos três setores.

Amplie seus conhecimentos

Saiba mais sobre as ONGS – Organizações Não Governamentais lendo um pouco mais no site da Associação Brasileira de ONGS - Abong, fundada em 10 de agosto de 1991. A Abong é uma sociedade civil sem fins lucrativos, democrática, pluralista, antirracista e antissexista, que congrega organizações que lutam contra todas as formas de discriminação, de desigualdades, pela construção de modos de vida sustentáveis e pela radicalização da democracia. http://www.abong.org.br/

9.4 Modalidade de políticas públicas

Abordaremos aqui alguns tipos de políticas para que possamos definir a estratégia a ser empregada quando da formulação e implementação de uma política pública. Veja os critérios que podem ser empregados.

9.4.1 Quanto à natureza ou grau da intervenção

» Estrutural: buscam interferir em relações estruturais como renda, emprego, propriedade etc. Ex.: Vale-transporte

» Conjuntural ou Emergencial: objetivam amenizar uma situação temporária, imediata. Ex.: Cota para negros nas universidades públicas.

9.4.2 Quanto à abrangência dos possíveis benefícios

» Universais: para todos os cidadãos. Ex.: Sistema Único de Saúde – SUS.

Figura 9.2 - Programas de Prevenção ao uso de Drogas – Políticas Públicas.

» Segmentais: para um segmento da população, caracterizado por um fator determinado (idade, condição física, gênero etc.) Ex.: Acessibilidade para pessoas de necessidades especiais.

» Fragmentadas: destinadas a grupos sociais dentro de cada segmento. Ex.: Pré-natal para adolescentes grávidas.

9.4.3 Quanto aos impactos que podem causar

» Distributivas: visam distribuir benefícios individuais; costumam ser instrumentalizadas pelo clientelismo. Ex.: Programa Bolsa Família;

» Redistributivas: visam redistribuir recursos entre os grupos sociais: buscando certa equidade, retiram recursos de um grupo para beneficiar outros, o que provoca conflitos. Ex.: Cota para baixa renda em universidades privadas;

» Regulatória: visam definir regras e procedimentos que regulem comportamento dos atores para atender interesses gerais da sociedade; não visariam benefícios imediatos para qualquer grupo. Ex.: Os mecanismos de controle estabelecidos pela Anvisa – RDC.

Figura 9.3 - Políticas públicas.

É necessário, em relação a cada tipo de política, verificar quais são as estratégias em determinadas conjunturas. Quando avaliamos as políticas públicas sobre drogas no Brasil, observamos que sua característica singular é a de transitar por várias modalidades: quanto à natureza e o grau de intervenção, quanto à abrangência e quanto aos impactos.

Outra característica que chama a atenção nas políticas sobre drogas é que não são para as drogas. As políticas públicas são endereçadas para o conjunto da sociedade e para as diferentes demandas sociais, sejam elas para a família, escola, trabalho, lazer, enfim, para todos os elementos que compõem a vida em sociedade.

Agora conhecemos um pouco sobre as políticas públicas, suas definições, formas de atuação e formulação. Sobre essas bases serão erguidos os alicerces de nossa ponte, abrindo caminho para apreciarmos alguns modelos que possibilitarão aprimorar a compreensão da dinâmica que envolve a trajetória das políticas públicas do setor.

9.5 Políticas públicas setoriais

A expressão políticas públicas é polissêmica, ou seja, tem vários sentidos. A origem vem das ciências sociais e políticas e o tipo ou modelo de Estado que determinará, em parte, o seu conceito.

O neoliberalismo econômico é contrário às políticas públicas de cunho social, por defender o princípio da não intervenção do Estado no mercado. Os regimes totalitários são avessos à participação popular, pois esta é cerceada para que não haja massa crítica. Entretanto, as políticas públicas vão além do social, mas todas visam à coletividade.

As políticas públicas são mais aceitas em Estados democráticos e institucionalmente fortes, ganhando muitos espaços nas constituições que garantem direitos civis e sociais, como a Constituição brasileira, conhecida como "Constituição Cidadã" de 1988.

Políticas públicas não podem ser confundidas com planos e programas de governos, pois uma política pública de Estado poderá ser constituída por diversos programas e ou planos de governo.

Políticas públicas são os programas de ação governamental que visam coordenar os meios à disposição do Estado e as atividades desenvolvidas pela iniciativa privada e/ou sociedades civis organizadas para a execução de objetivos relevantes e politicamente determinados (DALLARI, 2002, p. 241).

Fique de olho!

Recentemente o Governo Federal criou o Programa "Crack é Possível Vencer", devido ao grande aumento do uso e do tráfico desta droga. No site do governo federal, mencionado a seguir, estão disponíveis as leis, os principais decretos e portarias relacionadas ao tema das drogas no país como, por exemplo, o Decreto nº 6.117, de 22/05/2007 que aborda a Política Nacional sobre Álcool, a Lei nº 9.804 de 30/06/1999 que fala sobre as Medidas de Prevenção e repressão ao tráfico ilícito dentre muitas outras. Você poderá ter acesso e ter maior conhecimento nesta área acessando o site: <http://portal.cnm.org.br/v4/v11/crack/legislacao.asp>.

9.6 Políticas públicas e o controle social

As políticas públicas surgem como necessidades em resposta aos problemas sociais. Devem refletir, portanto, soluções às necessidades identificadas na vida coletiva, nas suas diversas áreas: educação, saúde, trabalho, social, drogas, entre outras.

Paralelamente à identificação das necessidades e dos problemas, à formulação de políticas para solucioná-los, cabem ainda nesse processo sua regulamentação e controle. A regulamentação das políticas públicas é papel exclusivo dos governos, mas o seu controle pode e deve ser exercido também por grupos sociais.

A regulamentação trata do estabelecimento de leis e normas com o intuito de controlar o comportamento dos membros do sistema, ou, em outras palavras, de exercer o poder sobre as pessoas a fim de nortear seu comportamento.

Os meios de regulamentação podem ser variados: de leis e regras formais a orientações e sugestões informais; quanto mais regulamentada uma política, menor é o conflito e maior é o controle sobre o comportamento, fatores estes que diminuem significativamente o problema em foco.

O controle pode ser desenvolvido por diversos atores sociais, e uma das instâncias para o exercício deste controle são os conselhos de controle social, outro conceito básico e importante de se compreender para quando atuarmos nas políticas públicas sobre drogas.

Atualmente, este termo é usado para nos referirmos à participação popular na formulação, deliberação e fiscalização das políticas públicas. Trata-se de um mecanismo de controle social sobre a ação do Estado (nos âmbitos municipal, estadual e federal), que dá oportunidade à participação plurirrepresentativa da sociedade civil organizada na esfera pública. No Brasil, os Conselhos de Controle Social foram criados a partir da Constituição de 1988, funcionando como um espaço intermediário entre o Estado e a sociedade civil organizada.

Figura 9.4 - Políticas sobre drogas.

As políticas públicas, como já comentamos, são formuladas a partir da ação de diferentes atores sociais, governantes e não governantes. Esses atores são participantes de diferentes redes.

Essa rede pode ser composta por: políticos de diferentes partidos; representantes dos poderes legislativo e judiciário; representantes de conselhos e/ou entidades de classe; representantes de setores específicos da sociedade; representantes de diferentes grupos sociais da sociedade; representantes de organizações não governamentais.

Também é preciso considerar que o "cidadão comum" pode influenciar a agenda política, apresentando as reivindicações de uma determinada parcela da população por meio de movimentos sociais, campanhas nos meios de comunicação de massa, cartas direcionadas ao governo, abaixo-assinados, participação em fóruns de debates, audiências públicas, entre outras formas de manifestação.

Mais um conceito importante é o de público x privado, e pode-se perceber que na sua origem o termo público remete à esfera da coletividade, ao exercício do poder e à sociedade dos iguais. Em contrapartida, o privado se relaciona às esferas particulares, à sociedade dos desiguais.

Vamos recapitular?

Neste capítulo você estudou a base da legislação e das políticas sobre drogas no Brasil, como se formulam as leis, decretos e portarias. Estudamos o que é responsabilidade compartilhada e suas modalidades de políticas públicas, e, por final, você aprendeu neste capítulo as políticas públicas e o controle social e setoriais.

Agora é com você!

Em seu caderno transcreva a alternativa correta em relação ao significado de responsabilidade compartilhada:

1) Copie em seu caderno a única alternativa correta.

   O que se quer dizer com responsabilidade compartilhada?

   a) Que cabe apenas ao governo a responsabilidade pela formulação de uma política sobre drogas.

   b) Que cabe apenas à comunidade a responsabilidade pela formulação de uma política sobre drogas.

   c) É quando a responsabilidade pela formulação de uma política sobre drogas é dividida por todos os setores da sociedade.

   d) Cabe apenas ao cidadão a responsabilidade por uma política sobre drogas. Cabe apenas às empresas e às ONGs a responsabilidade por uma política sobre drogas.

2) Em seu caderno transcreva a alternativa correta em relação à sequência e ao significado de Segundo Setor, Primeiro Setor, Terceiro Setor: Marque a letra da sequência correta para:

   Segundo Setor, Primeiro Setor, Terceiro Setor:

   a) Estado, Empresa Privada, Sociedade Civil Organizada.

   b) Sociedade Civil Organizada, Estado, Empresa Privada.

   c) Sociedade Civil Organizada, Empresa Privada, ONG.

   d) Empresa Privada, Estado, Sociedade Civil Organizada.

   e) Empresa Privada, ONG's, Sociedade Civil Organizada.

3) Leia o relatório da auditoria de natureza operacional do Tribunal de Contas da União com foco na Política Nacional sobre Drogas e Sistema Nacional de Políticas sobre Drogas do Brasil. Este documento é abrangente e confiável sobre o tema Sisnad. Não perca a oportunidade de conhecer a realidade brasileira no enfrentamento às drogas.

   <http://portal2.tcu.gov.br/portal/page/portal/TCU/comunidades/programas_governo/areas_atuacao/seguranca_publica/Relat%C3%B3rio_pol%C3%ADtica_nacional_sobre_drogas.pdf>

   Utilizando-se do relatório indicado, responda às questões a seguir:

   a) Qual a colocação do Brasil no *ranking* de apreensões de cocaína no mundo (todos os tipos, incluindo o crack), em percentual e em kg, em 2007?

   b) O que se pode concluir com referência à deficiência no quadro de pessoal da Polícia Federal nas regiões de fronteira?

10 Construção de Políticas Públicas Sobre Drogas

Para começar

Neste capítulo veremos especificamente a construção e as etapas para elaboração das políticas sobre drogas, a identificação dos problemas e a formulação destas políticas para solucioná-los. Conheceremos as políticas sobre drogas no Brasil e algumas experiências internacionais, alguns exemplos e modelos de programas políticos sobre prevenção, visão interdisciplinar e os aspectos do fenômeno multifatoriais, bem como alguns artigos, crimes e penalidades.

10.1 Construção de uma política pública

Figura 10.1 - Políticas na prevenção do uso de drogas.

A elaboração de uma política pública segue algumas etapas de trabalho. Devemos, porém, reconhecê-las como um processo e não como etapas ou fases que estabelecem entre si em uma relação linear, conforme veremos a seguir.

- » Identificação do problema: é necessário ter em mente a área de investimento que será o foco da atenção, suas necessidades e demandas, além das prioridades requeridas dentro deste contexto. A delimitação de um problema deve se pautar em evidências.

- » Inclusão na agenda: é a fase em que a agenda política é definida, tendo aqui uma diversidade de fatores ideológicos e políticos, econômicos e sociais, que podem contribuir favorável ou negativamente para a inclusão e/ou exclusão dos fenômenos sem trânsito social;

- » Deliberação das estratégias: momento em que se discutem as possíveis ações, seus custos e benefícios à luz do conhecimento sobre as necessidades já identificadas;

- » Desenvolvimento da intervenção: fase em que se formulam as políticas propriamente ditas, incluindo nesse momento uma análise bastante complexa sobre as condições micro e macroestruturais para a implementação;

- » Implantação das políticas: nessa fase é novamente fundamental mapear o contexto político, econômico e social, da mesma forma que é imprescindível caracterizar, em todas as suas dimensões, as agências implementadoras e seus respectivos papéis no processo;

- » Avaliação continuada: avaliam-se o processo e o impacto gerado, esperando identificar tanto os fatores negativos quanto os positivos da ação que permitam corrigir o fluxo e medir os resultados.

Paralelamente à identificação dos problemas e à formulação de políticas para solucioná-los, cabem ainda nesse processo sua regulamentação e controle. A regulamentação das Políticas Públicas é papel exclusivo dos governos, mas o seu controle pode ser exercido também por grupos sociais. Trata-se do estabelecimento de leis e normas com o intuito de controlar o comportamento dos membros do sistema, ou, em outras palavras, de exercer o poder sobre as pessoas a fim de nortear seu comportamento.

Mitchell e Mitchell (1969, p. 208) afirmam que "os meios de regulamentação podem ser variados: de leis e regras formais a orientações e sugestões informais; de ameaças negativas ou custos a coação positiva e recompensas; de sugestões indiretas ou contravenções à compulsão muito diretamente exercida sobre a pessoa". Para esses autores, quanto mais regulamentada é uma política, menor será o conflito e maior é o controle sobre o comportamento, fatores estes que diminuem significativamente o problema em foco.

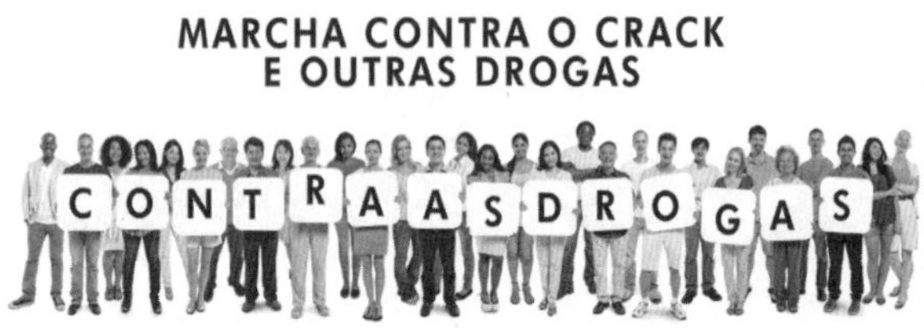

Figura 10.2 - Movimentos legítimos da população contra a liberação das drogas (adaptado pelo autor).

10.2 Política sobre drogas no Brasil

Os problemas relacionados ao uso e ou abuso de substâncias denominadas "drogas" ocorrem há muitos anos, o mundo discute e busca alternativas desde o início do século XX, mas somente no ano de 1998 é que o Brasil desenvolveu sua primeira Política Nacional que versava sobre o tema.

Estamos falando da trajetória do enfrentamento às drogas, por meio de uma política pública de apenas dezesseis anos, quando a política era ainda antidrogas.

O Brasil reconheceu os princípios da redução de demanda de drogas e, a partir de então, viu-se compelido a ter uma política para as outras questões relacionadas a drogas, não somente a redução da oferta, e isso só aconteceu por ocasião da Assembleia-Geral das Nações Unidas de 1998.

Outra contribuição importante ocorreu no I Fórum Nacional Antidrogas no mês de novembro do mesmo ano na cidade de Brasília. Começaram a ser coletadas as primeiras contribuições da sociedade para aquilo que viria a ser a Política Nacional Antidrogas – Pnad. Em dezembro de 2001, no II Fórum Nacional Antidrogas, houve a homologação da Política Nacional Antidrogas – Pnad.

Em 2003, ocorre o seminário "Novos Cenários para a Política Nacional Antidrogas", e em novembro de 2004 ocorre o Fórum Nacional sobre Drogas, no qual o governo busca novamente contribuições da sociedade para o realinhamento da Pnad.

Para o realinhamento e a construção de uma nova política, agora "sobre drogas", foram organizados vários eventos. Houve três momentos distintos de preparação: a realização de seis fóruns regionais, a realização do fórum nacional, e um fórum internacional. O fórum internacional foi o primeiro deles e teve como objetivo promover o debate e o intercâmbio de experiências entre sete países.

Existia e ainda existe uma tendência à adoção de políticas liberalistas ao consumo de drogas, principalmente em países da Europa (Holanda) e mais recentemente da América Latina, como é o caso do Uruguai.

Figura 10.3 - Descriminalização das drogas (adaptado pelo autor).

Apresentaremos a seguir um breve relato do que foi o Seminário Internacional de Políticas Sobre Drogas, que contou com a presença de representantes do Canadá, Holanda, Inglaterra, Itália, Portugal, Suécia e Suíça, que apresentaram as experiências em políticas públicas de seus países.

10.3 A experiência internacional

O Canadá tem como principais objetivos na sua política de drogas a redução da prevalência da dependência de substâncias psicoativas prejudiciais à saúde; redução na incidência de doenças contagiosas relacionadas à dependência química, tais como HIV/Aids e hepatite; aumento de medidas alternativas da justiça criminal, tais como o tratamento compulsório; redução da oferta de drogas lícitas e enfrentamento de novas tendências de drogas emergentes e a diminuição dos custos sociais, econômicos e sanitários, associados ao consumo de drogas.

A política de drogas holandesa adota dois princípios básicos: princípio da indiferença, doutrina que propõe a interferência mínima necessária do governo nos assuntos dos indivíduos e da sociedade; e princípio da conveniência, doutrina que propõe a adoção da razoabilidade na aplicação da lei. Existem três pilares na política holandesa: diminuição da demanda; redução da oferta; e ordem pública.

No Reino Unido são usadas três linhas de ação: primeira linha de ação – a oferta, segunda linha de ação – a prevenção, e terceira linha de ação – a comunidade. São três também os componentes da política italiana denominada de triângulo – justiça, segurança e saúde.

A política de drogas de Portugal divide-se entre a redução da oferta e da demanda. A política da Suécia adota uma abordagem equilibrada entre três pilares – prevenção, tratamento e repressão. A estratégia da política antidrogas da Suíça engloba quatro pilares principais: a prevenção; a terapia e a reabilitação; a redução de danos; a repressão e controle.

Pautados nestes trabalhos e nos resultados podemos trabalhar a nossa forma de enfrentar os problemas das drogas.

Figura 10.4 - Políticas de direitos humanos (adaptado pelo autor).

10.4 Os aspectos multifatoriais

Para trabalhar com políticas públicas sobre drogas com sucesso é necessário ter uma visão das drogas como um fenômeno multifatorial, pelo fato de o fenômeno das drogas apresentar várias dimensões e enfoques possíveis, de múltiplos e diferentes olhares. Assim, o sucesso de uma determinada política estará ligado à observação das características multifatoriais das drogas.

O que queremos dizer com **aspectos multifatoriais** das drogas é que se formos pensar, por exemplo, nas causas de uma dependência química será impossível indicar apenas um fator. Minimamente podemos dizer que existem quatro dimensões possíveis de se analisar este exemplo; são elas: a biológica, a psicológica, a social e a espiritual.

» **Biológica:** vê a interação das drogas com o biológico, com o corpo, principalmente com o sistema nervoso. Existem importantes avanços científicos na pesquisa e compreensão desta interação, dos mecanismos neurotransmissores na ação das drogas em um organismo e da reação deste.

» **Psicológica:** as drogas alteram várias funções psíquicas, alterando comportamentos, percepções, sensações e significação dos fatos. Geram hábitos, condicionamentos, compulsões. A mente, o psicológico também geram pensamentos, sentimentos e significações em relação às drogas, ao seu uso e até mesmo sobre as sensações experimentadas no uso das drogas.

» **Social:** fatores sociais podem se tornar fatores de risco ao uso de drogas (influência de ídolos, de grupos, de modismos, a pobreza, o consumismo etc.), como o comportamento social do usuário, afetado pelo efeito das drogas, pode trazer problemas (agressividade, roubos, vandalismo etc.). A dependência química afeta e é afetada pelas relações familiares. Gera fatores culturais ou por eles é afetada. O uso das drogas gera questões, problemas no trabalho e desafios à ordem jurídica e legal.

» **Espiritual:** é entendida como a dimensão da espiritualidade, da fé em algo superior a si. Não necessariamente tem a ver com religião. Por exemplo, abordagem que é trabalhada nas Comunidades Terapêuticas (CTs) e relevantes serviços prestados no atendimento aos alcoólistas é o AA (Alcoólicos Anônimos), que tem como um dos seus doze passos para a recuperação o da aceitação de um Poder Superior, não importando se a pessoa segue alguma religião e independentemente de como cada religião possa denominá-lo. Esta dimensão pode ser entendida por alguns como o Sentido da Vida para cada um, a dimensão do Existencial. Os momentos de crise existencial são, por exemplo, momentos de risco de abuso das drogas. Pesquisas apontam para os fatores de proteção e recuperação com a espiritualidade.

10.5 Visão interdisciplinar

Tendo esta compreensão, esta visão e olhar sobre o fenômeno das drogas, não caberá ter posturas radicais. Não fará sentido impor que tudo tenha que ser visto ou compreendido por um só olhar, como por exemplo: "Só o remédio cura! Só Jesus cura! Só legalizando as drogas é que se resolverá o problema! É tudo ´psicológico´!" O ser humano é um ser complexo, integral e com várias dimensões, não pode ser tratado com uma visão restrita ou preconceituosa, tendo o risco de atendê-lo de forma incompleta. Não cabe mais na atenção à questão das drogas se utilizar dos princípios do leito de Procusto (medida única). Leia a metafora sobre o leito de Procusto em: http://cortaremum.blogspot.com.br/2009/01/o-leito-de-procusto.html

Figura 10.5 - Crack, é possível vencer.

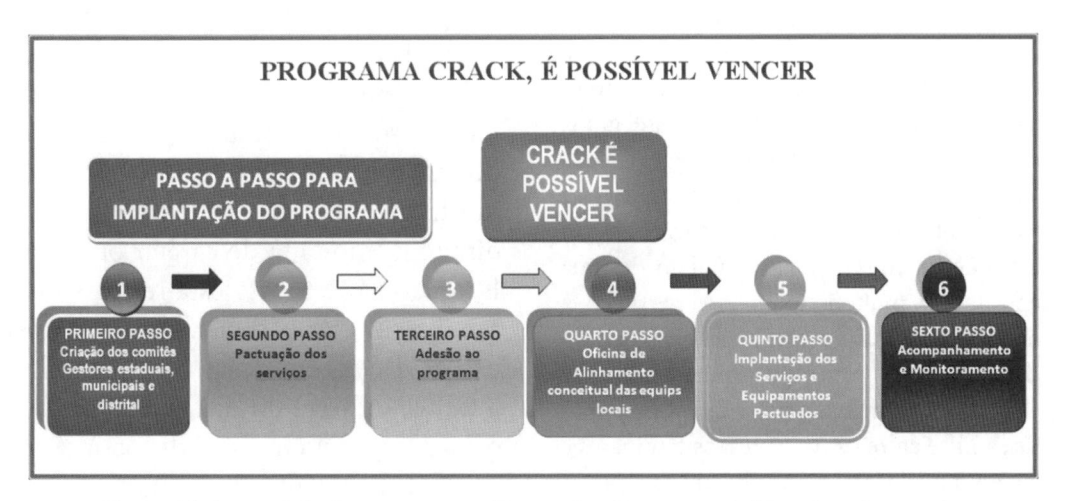

Figura 10.6 - Modelo de Programa Político sobre Prevenção (adaptado pelo autor).

A visão das drogas como fenômeno multifatorial não torna as coisas mais simples, pois na realidade o fenômeno das drogas é complexo. A criação, implementação e desenvolvimento de políticas públicas para a questão do uso e abuso das drogas têm que levar em conta esta complexidade do problema para ter chances de sucesso. Esta complexidade aponta para a importância e a necessidade do trabalho em Rede (veremos com mais detalhes este tema num próximo capítulo); para a importância da ação de diferentes atores, com os seus diversos saberes; para a necessidade da articulação entre diferentes ONGs, Conselhos de Controle, sobre os quais veremos adiante em outro capítulo, além do poder público.

Amplie seus conhecimentos

Leia o Levantamento Nacional sobre o Uso de Álcool, Tabaco e Outras drogas entre universitários das 27 capitais brasileiras, realizado em 2010, disponível no site: <http://www.obid.senad.gov.br/portais/OBID/biblioteca/documentos/Dados_Estatisticos/Estudantes/328293.pdf>.

Ao se desenhar uma política pública na área das drogas, é preciso levar em conta as diversas dimensões do fenômeno drogas, além do fato de que a combinação e suas proporções entre estas diversas dimensões em cada indivíduo podem ser muito variadas, o que torna praticamente impossível um programa rígido e padrão para ser aplicado igualmente a todas as pessoas. O enfoque multifatorial nos leva a ter posturas não preconceituosas, não radicais e facilitadoras do diálogo, da troca de informações, experiências e saberes.

Na área do tratamento, já é consenso entre os especialistas sobre a visão que comentamos anteriormente, como aponta o texto:

> O tratamento da dependência de substâncias psicoativas pode ser tomado como o exemplo de um campo complexo e multifatorial, que exige abordagem integrada de diversas dimensões implicadas. É considerado consenso na literatura que esse tratamento seja organizado segundo um enfoque interdisciplinar, para além de uma abordagem multidisciplinar. A perspectiva interdisciplinar no contexto da assistência à dependência química possibilita aprimorar as relações de trabalho entre os profissionais da saúde e entre os pacientes, os familiares e a comunidade (DIEHL et al, 2011, p. 454).

Você consegue agora perceber a importância de se ter uma visão multifatorial do fenômeno das drogas para que haja o desenvolvimento adequado de políticas públicas?

10.6 A necessidade de uma política pública sobre drogas

Pelas notícias, vocês podem observam que existem várias dimensões que envolvem este problema e que elas têm uma proporção muito grande. Portanto, para superar estes desafios é preciso construir ações estratégias amplas, articuladas, envolvendo diversos setores e atores de uma comunidade, isto é, precisamos construir políticas (conjunto de estratégia e ações) públicas (da ordem do coletivo, para além do foco individual e com envolvimento de recursos públicos) sobre as drogas (legais e/ou ilegais).

Figura 10.7 - O judiciário e as políticas sobre drogas.

Sem dúvida que é necessária, importante e urgente a construção de uma política pública sobre drogas. O problema do uso e abuso de drogas tem se agravado ao longo dos anos e já ultrapassou em muito a esfera do individual, do uso ou não uso apenas como escolha de um indivíduo, seja esta escolha vista como um direito, como falta de caráter ou como doença! E tampouco este fato está restrito a um tipo de família ou classe social. As consequências do uso de drogas em nosso tempo atual já atingem a todos, indireta ou diretamente, e têm trazido graves consequências e danos à sociedade. O custo dos acidentes de trânsito no Brasil já foi estimado em R$ 28 bilhões ao ano, e 70% desses acidentes foram ocasionados pela ingestão de álcool.

O problema causado pelo uso e abuso das drogas já ultrapassou inclusive o nível de problema de saúde pública ou só de segurança pública, já tomou proporções de um problema cultural e de uma crise de valores em nossa sociedade pós-moderna.

Torna-se importante a participação de todos, com a mobilização da sociedade e das organizações do primeiro, segundo e terceiro setores, para a criação, a organização e o fortalecimento de diversas políticas públicas sobre drogas, que contemplem os variados aspectos e dimensões do problema das drogas: saúde, educação, segurança, jurídico, direitos humanos, pesquisa, estudo, redução de danos, redução de oferta, conselhos de controle social, cultura etc.

Além disto, existem alguns grupos de minorias sociais que apresentam características especiais no uso das drogas ou na dependência química que demandam políticas públicas especificas , tais como: imigrantes, indígenas, homossexuais, portadores de deficiências, população de rua, população carcerária, etc.

Reafirmamos que o enfrentamento dos desafios das drogas e sua superação só serão possíveis através do avanço e construção de políticas públicas sobre drogas.

Figura 10.8 - Anúncio das políticas contra as drogas no EUA.

Figura 10.9 - Ação policial contra o tráfico de drogas.

Fique de olho!

No Direito Romano, o termo dependência está ligado à instituição da escravidão, no sentido de submissão ou dedicação incondicional a alguma coisa ou a alguém. A base conceitual da dependência é a diminuição do poder de escolha do sujeito. É a partir dessa concepção de abordagem diversificada que se firma a política antidrogas do Brasil, orientada tanto para a redução da oferta, com medidas proibitivas, quanto na redução da demanda de drogas, além da estratégia de redução de danos. Tal enfoque permite compreender o consumo de drogas como um problema de saúde pública e o tráfico como um problema judicial. A Lei nº. 11.343/2006, que despenaliza o usuário e aumenta a pena para o traficante, é um claro exemplo do direcionamento de ações do Estado nesse sentido.

10.7 Alguns exemplos de políticas públicas sobre drogas

A construção de uma ampla política pública que aborde o problema das drogas passa pela construção e consolidação de diversas políticas que atendam os diferentes aspectos e dimensões do problema das drogas. Ilustramos com algumas políticas, em diferentes estágios de implantação e consolidação no país:

» A política contra o tabagismo: tem avançado ao longo dos anos e conseguido reduzir o número de consumidores, maior controle sobre a propaganda deste produto, mudança no valor cultural do usar o tabaco em nossa sociedade.

» Lei Seca: combate e restrição ao beber e dirigir. A publicação da lei fez cair o número de mortes em acidentes de trânsito dois anos depois de entrar em vigor no Brasil. A "Lei Seca" mostra resultados positivos que confirmam a importância de manter e intensificar as ações educativas, de fiscalização e de mobilização da sociedade para reduzir a associação entre consumir bebida alcoólica e direção. De acordo com pesquisas do Ministério da Saúde, as mortes provocadas por acidentes de trânsito caíram 6,3% no período de 12 meses após a Lei Seca, quando comparado aos 12 meses anteriores à Lei. Esse índice representa 2.302 mortes a menos em todo o país, reduzindo de 37.161 para 34.859 o total de óbitos causados pelo trânsito. Após alguns anos houve um recuo nas fiscalizações, além do questionamento da constitucionalidade do uso do bafômetro.

» Propaganda de bebidas alcoólicas: foram tentadas inúmeras ações de se criar restrições à propaganda das bebidas alcoólicas, como foi feito em relação aos cigarros, mas até o presente momento o lobby da indústria e comércio das bebidas tem barrado avanços significativos. Exemplo: <http://www.cremesp.com.br/?siteAcao=Jornal&id=603>.

» Política nacional de enfrentamento do crack: lançado recentemente, o programa tenta articular e aumentar os recursos no enfrentamento da chamada epidemia de crack. Não se tem como avaliar os resultados, mas esta ação tem o valor de sinalizar que o tema entrou na pauta da Presidência do país e do Congresso Nacional. Exemplo: <http://www.brasil.gov.br/enfrentandoo-crack/home>.

» Política de prevenção nas escolas: não existe um programa mais sistemático, constante e integrado de prevenção contra as drogas nas escolas. A Senad já tem algumas experiências e ações de capacitação de professores para lidar com a temática. Exemplo: <http://www.senad.gov.br>.

Figura 10.10 - Propaganda de prevenção ao uso de tabaco.

Vimos que existem mais políticas em planejamento, implantação ou em desenvolvimento nos níveis municipal, estadual e federal.

Queremos destacar que muitas delas, para serem criadas e implantadas, precisam da pressão social, da mobilização da opinião pública, e nisto qualquer um, interessado na temática, pode participar e ajudar: abaixo-assinados, e-mails, passeatas, boicotes etc. são alguns dos recursos disponíveis para o exercício da cidadania.

10.8 Legislações específicas sobre drogas

Lei nº 11.343, de 23 de agosto de 2006 – Esta Lei institui o Sistema Nacional de Políticas Públicas sobre Drogas – Sisnad; prescreve medidas para prevenção do uso indevido, atenção e reinserção social de usuários e dependentes de drogas; estabelece normas para repressão à produção não autorizada e ao tráfico ilícito de drogas e define os crimes relacionados.

Capítulo III – Crimes e Penas – O art. 27. fala sobre as penas previstas neste capítulo que poderão ser aplicadas isolada ou cumulativamente, bem como substituídas a qualquer tempo, ouvidos o Ministério Público e o defensor.

Art. 28. – Quem adquirir, guardar e tiver em depósito, transportar ou trouxer consigo, para consumo pessoal, drogas sem autorização ou em desacordo com a determinação legal ou regulamentar será submetido às seguintes penas:

» Advertência sobre os efeitos das drogas;
» Prestação de serviços à comunidade;
» Medida educativa de comparecimento a programa ou curso educativo.

No parágrafo 1º – Apresenta as mesmas medidas, que se submete quem, para seu consumo pessoal, semeia, cultiva ou colhe plantas destinadas à preparação de pequena quantidade de substância ou produto capaz de causar dependência física ou psíquica.

Figura 10.11 - Legislação.

No parágrafo 2º especifica que para determinar se a droga se destinava a consumo pessoal o juiz atenderá à natureza e à quantidade da substância apreendida no local e às condições em que se desenvolveu a ação, às circunstâncias sociais e pessoais, bem como à conduta e aos antecedentes da pessoa portadora da substância.

Já o artigo 33 desta lei (Lei nº 11.343, de 23 de agosto de 2006) determina que caberá pena de reclusão de 5 (cinco) a 15 (quinze) anos para quem importar, exportar, remeter, preparar, fabricar, produzir, adquirir, expor à venda, vender, oferecer, ter em depósito, transportar, trazer consigo, guardar, prescrever, ministrar, entregar a consumo ou fornecer drogas, ainda que gratuitamente, sem autorização ou em desacordo com determinação legal ou regulamentar. Quanto à pena de reclusão, a mesma é tratada no artigo 33 do Código Penal, o qual define que esta pena será cumprida em regime fechado, semiaberto ou aberto.

O Governo Federal por intermédio da Secretaria Nacional de Políticas sobre Drogas criou um documento intitulado "Legislação e Políticas Públicas sobre Drogas no Brasil", em 2008, que poderá nos auxiliar no entendimento a este assunto: <http://www.obid.senad.gov.br/portais/OBID/biblioteca/documentos/Legislacao/327912.pdf>.

Vamos recapitular?

Neste capítulo você estudou as etapas para elaboração das políticas sobre drogas, a identificação dos problemas e a formulação destas políticas para solucioná-los. Conheceu algumas experiências internacionais e nacionais, alguns exemplos e modelos de programas políticos sobre prevenção, visão interdisciplinar e os aspectos do fenômeno multifatoriais, bem como alguns artigos, crimes e penalidades sobre drogas.

Agora é com você!

Pesquise sobre as ações de prevenção da Senad – Secretaria Nacional de Políticas sobre Drogas – que poderão ser encontrada resumidamente em: <http://slideplayer.com.br/slide/385727/> e escreva pelo menos três (3) ações de prevenção da Senad.

Internação Compulsória

Para começar

Vamos conhecer as definições dos principais termos da internação compulsória, algumas discussões sobre este tipo de internação dos pacientes vitimados pelas drogas, os conflitos e desafios e alguns casos de internações de usuários de crack. Finalizaremos verificando os cuidados na contenção dos pacientes agitados.

11.1 Introdução

Nas discussões a respeito das políticas públicas sobre drogas surgem diversos tópicos que se referem às questões dos direitos humanos. Algumas delas são específicas às necessidades e carências básicas de saúde, educação, trabalho e moradia. Os direitos econômicos e sociais fazem e criam fatores de pressão e de risco ao uso de drogas. Outros fatores tocam nas questões dos preconceitos e das discriminações que afetam os "viciados", "drogados", "alcoólatras", "dependentes químicos", "usuários de drogas" e suas famílias, o que está diretamente ligado à questão dos direitos humanos e civis. As discussões sobre a necessidade de desintoxicação (termo geral que descreve a remoção de substâncias tóxicas do corpo), sobre a internação compulsória ou involuntária e o direito à liberdade individual são polêmicas que estão em debate na atualidade e ainda não estão muito bem definidas.

11.2 Definições

Existem três formas de internação: a voluntária, a involuntária e a compulsória. Na primeira, a pessoa aceita ser encaminhada para um internamento em uma instituição, hospital, clínica ou comunidade terapêutica num período de curta duração. No segundo caso, a internação involuntária acontece quando a pessoa está em crise ou surto, agitada e agressiva (em risco de vida ou agressão a familiares). Já a compulsória depende da intervenção de um juiz e é usada nos casos em que a pessoa está correndo risco de morte, devido ao uso e à intoxicação com as drogas ou ainda por transtornos mentais. Esta medida acontece mesmo contra a vontade do paciente.

Figura 11.1 - Internamento involuntário.

Os advogados e juízes se referem e defendem a internação compulsória, argumentando que os resultados no controle das drogas no país são sem valor e sem qualidade, e defendem ação mais enérgica. Já as entidades de direitos humanos criticam a lei por ser truculenta, causar humilhações e maus-tratos, ferir os direitos humanos e contradizer a Reforma Psiquiátrica e o processo de desospitalização.

Por outro lado, os Centros de Atenção Psicossocial (CAPS) são opções para atendimentos especializados em saúde mental, abertos e comunitários, em que as unidades e os internamentos são transitórios para os usuários (dias intercalados e livres). A questão não é o crack, mas o que faz com que as pessoas estejam naquela situação. Desemprego, violência e o tráfico de drogas são os verdadeiros alvos desta luta. As Comunidades Terapêuticas (CTs) por sua vez já têm regras fixas de internações e de permanência.

> **Fique de olho!**
>
> Conheça a legislação que trata da internação compulsória, que é quando uma pessoa não quer se internar voluntariamente, pode-se recorrer à internação involuntária ou à internação compulsória. São dois tipos diferentes de internação. Portanto, não se deve usar os termos *involuntário*, *compulsório* ou *forçado* indistintamente.

11.3 Discussões sobre internações de usuários

As drogas como o crack atuam de maneira tão agressiva no corpo do usuário que não permitem que ele entenda a gravidade de sua situação e o quanto seu comportamento pode ser prejudicial para ele mesmo e para os outros. As drogas acabam por fazê-lo perder a noção de horários, alimentação, higiene, atividade social e familiar etc. Com base nessa premissa, o deputado federal Eduardo da Fonte do (PP-PE) apresentou em março de 2012 uma proposta de política pública que prevê a internação compulsória temporária de dependentes químicos desde que por indicação médica, após o paciente passar por avaliação com profissionais da saúde. Veja a reportagem sobre internamento compulsório em: <http://www2.uol.com.br/vivermente/artigos/a_polemica_da_internacao_compulsoria.html>.

A internação contra a vontade do paciente está prevista no Código Civil desde 2001, pela Lei da Reforma Psiquiátrica 10.216, mas agora o procedimento deve ser realizado não caso a caso (pessoa a pessoa), mas como uma política de saúde pública.

Aqueles que se colocam a favor do projeto argumentam que um em cada dois dependentes químicos apresenta algum transtorno mental, sendo o mais comum a depressão. A base são estudos americanos como o do Instituto Nacional de Saúde Mental (NIMH, na sigla em inglês), de 2005. Mas vários médicos, psicólogos e instituições, como os Conselhos Regionais de Psicologia (CRPs), são contrários à solução e contestam esses dados.

O crack é uma droga que causa efeito e sequelas imediatos, e, por isso, o usuário passa a não ter controle de si. A agressividade que a droga causa no organismo faz com que o indivíduo não tenha percepção da destrutividade na qual está envolvido e desenvolvendo e necessita de ajuda imediata ou correrá o risco de morte.

Os defensores da internação compulsória afirmam que o consumo de drogas aumentou muito nos últimos

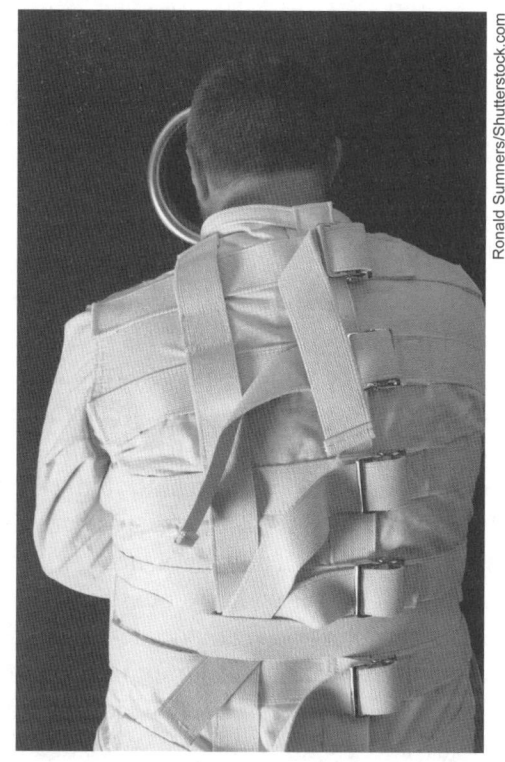

Figura 11.2 - Contenção em camisa de força.

anos no país inteiro e são poucos os resultados das ações de prevenção ao uso. A proposta tem o apoio do Ministério da Saúde, que acredita que profissionais da saúde poderão avaliar adultos e crianças dependentes químicos para colocá-los em unidades adequadas de tratamento, mesmo contra a vontade dessas pessoas, principalmente para a desintoxicação e uma boa hidratação, alimentação e higiene. A medida já é prevista pelo Estatuto da Criança e do Adolescente (ECA). O Conselho Federal de Medicina (CFM) também é a favor da medida.

Durante a reunião de apresentação do relatório de políticas sociais para dependentes de drogas, o representante do Conselho Federal de Medicina reforçou a proposta de internação compulsória nos casos em que há risco de morte, ressaltando que a medida já é praticada no Brasil.

De acordo com Relatório da 4ª Inspeção Nacional de Direitos Humanos, apesar da Lei nº 10.216, que prevê a internação compulsória como medida a ser adotada por um juiz, o que se tem verificado na prática com os usuários de álcool e outras drogas é contrário à lei, pois introduz a aplicação de medida fora do processo judicial, e a grande preocupação dos Conselhos de Psicologia é em relação a maus-tratos, violência física e humilhações que os dependentes podem vir a sofrer, alguns casos já encontrados no Brasil, em contraposição à solicitação muitas vezes da própria família, que se vê sem saída diante de agressões e roubos dentro de casa, praticados pelos usuários em busca de dinheiro para comprar a droga.

11.4 Caso a caso

Temos que analisar muito bem as questões sobre a epidemia do crack, conforme a Secretaria Nacional de Políticas sobre Drogas (Senad), que segundo o órgão não estão de acordo com a realidade. Diz:

Há no imaginário popular a ideia equivocada de que o Brasil está tomado pelo crack, mas o que existe é o uso em pontos específicos que pode ser combatido com atendimento na rua, não com abordagem higienista, com o mero recolhimento de usuários. (SENAD, 2012).

Dados do Observatório Brasileiro de Informações sobre Drogas (Obid) revelam que 12% dos paulistanos são dependentes de álcool e apenas 0,05% usam crack. Outros dados relativos ao uso de crack são que a estimativa dessa população chega à casa do 1,6 milhão de usuários em todo o Brasil e que a droga já está em 98% dos municípios brasileiros. Apesar dos dados, o crack tem sido tratado como epidemia em todo o território nacional nos últimos anos, e com isso tem sido disseminada a necessidade de uma resposta emergencial para resolver a questão, o que referenda a internação compulsória. Estudos desenvolvidos em centros de pesquisa de várias partes do mundo mostram que, de todas as pessoas que se submetem a tratamento para se livrar das drogas, apenas 30% conseguem deixar a dependência; mas o acompanhamento dos casos mostra que são imprescindíveis o tratamento específico e muito esforço multiprofissional.

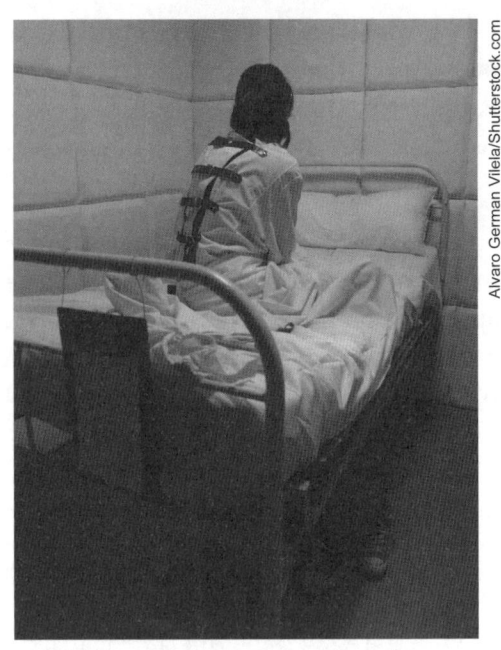

Figura 11.3 - Internação forçada – internação compulsória.

O sistema de Conselhos de Psicologia acredita que a medida de internação compulsória fere os direitos humanos e tenta destruir o movimento da reforma psiquiátrica. Defende que não basta reconhecer a insuficiência da rede de saúde na administração das necessidades dos que dependem de drogas, mas estabelecer o compromisso de ampliá-la com o fortalecimento do Sistema Único de Saúde (SUS). Os especialistas acreditam que a opção pela internação em instituição terapêutica deve ser considerada e respeitada, mas desde que seja avaliada caso a caso – e jamais adotada como uma política pública.

Enquanto os trabalhadores, gestores e usuários do SUS mobilizaram-se em favor da defesa dos direitos humanos e do tratamento em serviços abertos e articulados com a Rede Antimanicomial, as Comunidades Terapêuticas não são aceitas por muitos profissionais do SUS e principalmente do CAPS. Acreditamos que estes profissionais ou estão querendo fazer uma reserva de mercado ou são preconceituosos a este tipo de tratamento alternativo que há décadas vem sendo realizado. As CTs se constituem em serviços que se organizam a partir de pressupostos baseado na espiritualidade, em que se fazem mais de 80% dos internamentos para tratamento da dependência química no país. As Comunidades Terapêuticas, como veremos no próximo capítulo, têm seu propósito mais concreto que viabiliza por intermédio da espiritualidade um processo de tratamento com referencial histórico e programas terapêuticos.

Outro estudo, feito na Universidade Federal de São Paulo (Unifesp), mostra que apenas 2% dos pacientes

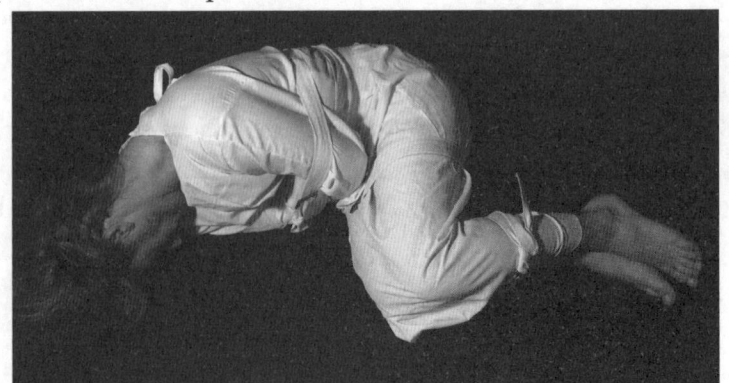

Figura 11.4 - Camisa de força – jacaré.

internados contra a vontade têm sucesso no tratamento e 98% deles reincidem ou têm recaída. "A porcentagem de fracassos é alta demais para que a medida seja adotada como política pública no enfrentamento do crack", e por esta razão deve ser estudada caso a caso, pessoa a pessoa.

> **Amplie seus conhecimentos**
>
> O Dr. Drauzio Varella diz que é a favor da internação compulsória dos usuários de crack, que perambulam pelas ruas feito zumbis. Por defender a adoção dessa medida extrema para casos graves, já foi até chamado de autoritário e fascista. Para saber mais sobre o assunto leia o artigo em: <http://drauziovarella.com.br/dependencia-quimica/internacao-compulsoria-2/>.

Enquanto se discute a questão, dois usuários de crack são internados involuntariamente todos os dias em São Paulo. Entre pessoas dependentes dessa e de outras drogas e a pacientes psiquiátricos, o número de encaminhamentos para instituições terapêuticas contra a própria vontade nos últimos oito anos passa dos 32 mil, segundo dados do Ministério Público. As experiências relatadas por quem já passou pela internação forçada referem-se à falta de humanização. No entanto, enquanto o Conselho Federal de Psicologia (CFP) tem proposto debates para discutir formas de enfrentamento do uso abusivo de álcool e drogas ilegais, muitas vidas estão se perdendo, pois necessitam de internação. Não há alternativas e a rede é falha, há falta de profissionais, de locais e atividades, faltam aceitação e a reinserção social como complemento à proposta. Uma alternativa seria uma maior fiscalização nas instituições que realizam todos os tipos de internação e atendimento a internos e pacientes.

11.5 Contenção física dos pacientes em quadro de agitação psicomotora

A realização de uma contenção física deve ser uma conduta excepcional e com todos os cuidados estabelecidos, para que a ação sobre o paciente não seja agressiva e lesiva, necessitando constar no projeto terapêutico. É uma prática clínica comumente realizada em diversos países do mundo, em diversos estudos em pacientes psiquiátricos e nos setores de emergência e, transporte de pacientes agitados. Para se decidir sobre o uso ou não da contenção física é importante fazer uma avaliação rigorosa e global da situação do paciente, baseada no julgamento clínico, sendo necessária a prescrição médica. Deve haver envolvimento da equipe multidisciplinar, com paciente e, quando possível, com a família. A utilização dessa técnica não deverá ocorrer de forma punitiva ou de intimidação, mas sim para o cuidado e como forma de assistência.

O objetivo deve ser de proteger o paciente com alterações físicas de comportamento ou consciência contra lesões e traumas (quedas), provocados por ele mesmo ou a outros, e que gera a interrupção do tratamento a que vem sendo submetido. Visar à integralidade física, psíquica e moral dos pacientes e dos profissionais de saúde que prestam assistência a esse paciente e que o procedimento seja realizado de forma humanizada.

Devem ser realizadas avaliação criteriosa pela equipe multidisciplinar e posterior prescrição médica em prontuário eletrônico ou físico.

A equipe deve estar treinada para abordagem e realização e monitorização do procedimento.

Este procedimento deverá garantir, em primeiro lugar, a segurança do paciente a fim de se realizar um transporte seguro e adequado tanto para ele como para quem transporta (familiares e profissionais).

Existem materiais e técnica específicos para este procedimento e que devem ser seguidos. Outro ponto importante é o tempo que se deve deixar o paciente contido, não mais que 2 horas, e sempre com um profissional acompanhando o tempo todo, a fim de evitar complicações.

As contenções devem ser realizadas em pelo menos 4 ou 5 pontos e nunca em apenas 1 ponto do corpo e devem ser evitadas nas articulações.

Vamos à técnica:

1. Contenção de tórax:

» Dobra-se o lençol em diagonal e redobrá-lo até formar uma faixa;
» Coloca-se a faixa sob as costas do paciente passando-a pelas axilas;
» Cruzam-se as pontas sob o travesseiro e as amarram no estrado da cabeceira da cama.

2. Contenção do abdome:

» Utilizam-se dois lençóis, dobrados em diagonal, redobrando-os até formar duas faixas;
» Colocam-se um dos lençóis sobre o abdome e o outro sob a região lombar;
» Unem-se as pontas dos lençóis e as torcem;
» Amarram-se as pontas dos lençóis no estrado da cama.

3. Contenção dos joelhos:

» Passa-se a ponta do lençol em diagonal do lado direito sobre o joelho direito e por baixo do esquerdo;
» Passa-se a ponta do lado esquerdo sobre o joelho esquerdo e por baixo do joelho direito;
» Amarram-se as pontas nos estrados, nas laterais da cama.

4. Contenção de punhos e tornozelos – membros superiores e membros inferiores:

» Utiliza-se faixa própria para conter pacientes, confeccionada no hospital;
» Passam-se as pontas pelos dois centros;
» Faz-se com elas um laço com nó;
» Prendem-se as pontas da faixa no estrado da cama.

5. Contenção das mãos - luva ou mitene:

» Aplica-se o algodão na parte interna das mãos;
» Fecha-se a mão do paciente com o algodão.
» Realiza-se o enfaixamento com crepom;
» Deixa-se o cliente confortável e o ambiente em ordem e seguro.

6. Avaliar a necessidade de elevação da cabeceira da cama nas seguintes condições:

» Pacientes com quadro de confusão mental;
» Pacientes sedados e sonolentos com sobrepeso, apresentando roncos ou com dificuldades respiratórias;
» Avaliar nesses casos a possibilidade de também conter o paciente na posição de decúbito lateral direito ou esquerdo para evitar a aspiração e a asfixia (contenção de apenas um MS e um MI).

7. Monitoramento: dos dados vitais, perfusão sanguínea, observação do local da restrição (dor, calor, edema e ferimento) do paciente contido no ato da contenção, 30 minutos após e no ato da retirada da contenção, preenchendo o Formulário de Contenção Física.

A Fundação Hospitalar do Estado de Minas Gerais criou em 2012 um protocolo para a contenção de pacientes em quadro de agitação psicomotora denominado Procedimento Operacional Padrão – Protocolo Clínico que poderá ser acessado e estudado em: <http://www.saudedireta.com.br/docsupload/1340503452033_Contencao_Fisica_dos_Pacientes_em_Quadro_de_Agitacao_Motora.pdf>. Acesso em: 10 jun. 2014>.

11.6 Conflitos e desafios

O movimento da reforma psiquiátrica é uma luta pelos direitos de pacientes psiquiátricos, que denuncia a violência praticada dentro dos hospitais manicomiais e que propõe a construção de uma rede de serviços e estratégias comunitárias para o tratamento dessas pessoas. O movimento ganhou força na década de 70 no Brasil com a mobilização de profissionais da saúde mental e familiares de pacientes insatisfeitos com os métodos praticados na época. A nova política de saúde mental visa o tratamento em rede substitutiva, ou seja, em locais que o paciente possa frequentar, sem a necessidade de passar longos períodos internado, longe da convivência familiar e comunitária e social.

Diante deste desafio percebemos os dependentes químicos, usuários diários de substâncias com vício frenético na busca por mais e mais substâncias, sendo capazes de roubar e matar pela droga e que necessitam de internamento para a desintoxicação, tratamento e opção de busca para uma nova vida sem a droga.

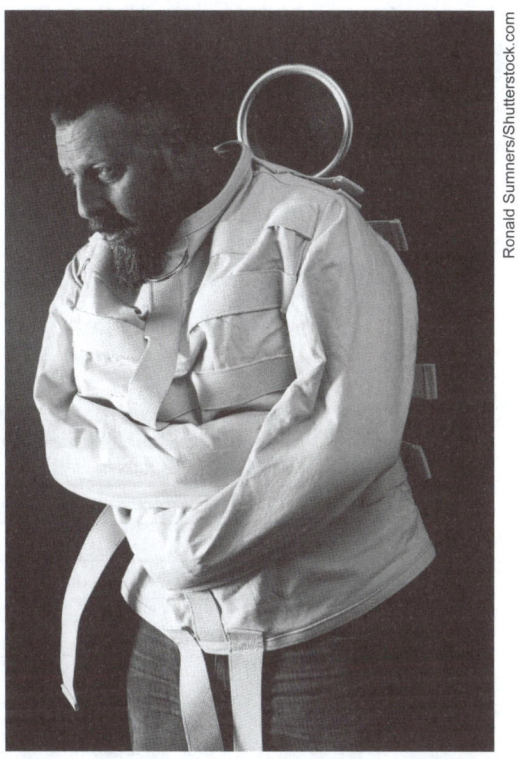

Figura 11.5 - Contenção forçada para impedir a agitação e agressão.

Por outro lado, o movimento de desconstrução do hospital psiquiátrico implica um processo político e social complexo, composto de diversos atores, instituições e forças de diferentes origens, e neste sentido os Conselhos de Psicologia se posicionam contra as internações compulsórias e contra as comunidades terapêuticas, defendendo o tratamento em locais abertos ligados à rede antimanicomial. Para isso lutam pela ampliação dos serviços oferecidos pelos Centros de Atenção Psicossocial (CAPs), nas unidades de acolhimento transitório, postos que funcionam como uma passagem breve para o dependente, que depois será encaminhado a serviços de reinserção social. Também são considerados necessários consultórios de rua que atendam à população em situação de risco e vulnerabilidade social, principalmente crianças e adolescentes usuários de álcool e outras drogas, bem como a oferta de leitos em hospital geral e equipes de saúde mental básica articuladas com as redes de urgência.

Uma contrapartida à internação compulsória é o reforço de políticas públicas de tratamento em rede substitutiva, em convivência familiar e comunitária aos usuários de drogas. A dependência química é um fenômeno que deve ser discutido da perspectiva biopsicossocial; o tráfico, o desemprego e a violência pedem intervenções mais amplas e recursos de outras áreas como educação, habitação, trabalho, lazer e justiça.

Vamos recapitular?

Neste capítulo você estudou a internação compulsória, algumas definições de termos e discussões sobre este tipo de internação, alguns conflitos e os desafios de internações de usuários de crack e, por fim, os cuidados na contenção dos pacientes agitados.

Agora é com você!

1) Faça em seu caderno anotações referentes ao quadro a seguir, preenchendo-o conforme sugerido no protocolo da Fundação Hospitalar do Estado de Minas Gerais denominado Procedimento Operacional Padrão - Protocolo Clínico em 2012, disponível em: <http://www.saudedireta.com.br/docsupload/1340503452033_Contencao_Fisica_dos_Pacientes_em_Quadro_de_Agitacao_Motora.pdf>.

Nº	Transtornos Psiquiátricos Primários	Transtornos Neurológicos	Doenças Clínicas Gerais
1	Esquizofrenia		
2		Acidentes Vasculares Encefálicos	
3			Doenças Infecciosas
4	Transtornos de personalidade antissocial		
5		Infecções do SNC (sífilis, HIV, herpes simples)	
6			Encefalopatia hepática e urêmica
7	Transtornos orgânicos gerais (demência, *delirium*)		

2) Em seu caderno faça um quadro como no desenho a seguir e preencha os sinais de comportamento violento e agressivo conforme explicitado por Botega (2006), que estabeleceu o seguinte quadro diferencial:

Nº	Sinais	Agressivo	Violento
1	Postura		
2	Psicomotricidade		
3	Humor		
4	Riscos		

Comunidades Terapêuticas

Para começar

Neste capítulo estudaremos especificamente a história e as raízes das Comunidades Terapêuticas, conhecendo o código essênio e as comunidades na Alexandria e as atitudes impostas na antiguidade. As Comunidades Terapêuticas no mundo e no Brasil, tais como Daytop e Desafio Jovem em Nova York, os Alcoólicos Anônimos, Synanon e as influências religiosas, sobre o grupo de Oxford. Finalizaremos o capítulo falando sobre a FEBRACT – Federação Mundial das Comunidades Terapêuticas e o trabalho nas Comunidades Terapêuticas.

12.1 O código essênio

As Comunidades Terapêuticas têm suas raízes em dados pesquisados que sugerem um protótipo antigo, presente em todas as formas de cura e de apoio comunitário como, por exemplo, os Manuscritos do Mar Morto, de Qûmran, que detalham as práticas comunitárias de uma seita religiosa ascética, possivelmente dos essênios, incluindo uma seção sobre a "Regra da Comunidade", condenando o "agir do espírito de falsidade", o problema da ganância, da mentira, da crueldade, da insolência flagrante, da luxúria, do caminho das trevas e do engano.

Figura 12.1 - Viver em Comunhão – Comunidade Terapêutica.

Prega-se a aceitação às regras e aos ensinamentos da comunidade como forma de levar uma vida reta e saudável. O código essênio de sanções exibe notável semelhança com o da moderna Comunidade Terapêutica, que hoje busca alternativas para melhoria constante do tratamento, do programa terapêutico, da convivência em comunidade e a humanização do atendimento.

Você deseja aprofundar seus conhecimentos sobre os essênios? Então, pesquise e leia mais no livro: A *Comunidade Terapêutica de George de Leon* ou acessando a dissertação de mestrado que fala sobre o código essênio disponível em: <http://www3.crt.saude.sp.gov.br/arquivos/arquivos_biblioteca_crt/arthur_pereira_cavalcante.pdf>.

Leia mais sobre o tratamento em Comunidades Terapêuticas no artigo disponível em:

<http://crenvi.com.br/site/midia/> que apresenta dados que as Comunidades Terapêuticas fazem muito mais tratamento para reabilitação de dependentes químicos do que as instituições públicas, tais como os CAPS, hospitais e clínicas.

12.2 Atitudes impostas na antiguidade

Para transgressões específicas (como mentir, guardar ressentimentos, proferir palavras tolas ou rir fora de hora, dormir durante as reuniões da comunidade ou deixá-las antes do fim), as sanções consistiam, de modo geral, em períodos de banimento da comunidade ou na redução das rações alimentares ou perda de privilégios. Embora consideravelmente mais severas do que as das modernas CTs, essas sanções são funcionalmente similares ao terem como foco a relação entre o indivíduo e a comunidade.

12.3 Os *therapeutrides* em Alexandria

Há também referência à ideia de doenças da alma nos escritos de Fílon de Alexandria (25 a.C. a 45 d.C.), quando este descreve um grupo que vivia em Alexandria, no Egito, uma comunidade de agentes de cura (os *therapeutrides*) das doenças "incuráveis" da alma. Eles "professam uma arte de medicina para prazeres e apetites (excessivos) para a imensurável multiplicidade de paixões e vícios" (CORREA, & MASSOLIN, (2013)

As histórias da medicina e da saúde mental oferecem outros exemplos de doença do corpo ou da mente que se costumava atribuir a transtornos da alma e eram tratadas por meio de ministrações espirituais. Destacam dois elementos da antiga versão da literatura ocidental, que têm paralelos nas modernas CTs de tratamento da dependência química:

a) A doença da alma se manifesta como um transtorno da pessoa inteira, caracterizando-se particularmente por problemas de autocontrole comportamental e emocional.

b) A cura da doença da alma ocorre mediante alguma forma de envolvimento da comunidade.

Ideias semelhantes estão presentes em muitas literaturas, antigas e modernas, sobre filosofia, religião e medicina oriental. Veremos como foi a evolução das Comunidades Terapêuticas ao longo dos anos, e como se tornaram referências mundiais tratamento de dependêntes químicos..

> **Fique de olho!**
>
> O Governo federal criou a RESOLUÇÃO - RDC Nº 029, de 30 de junho de 2011 que dispõe sobre os requisitos de segurança sanitária para o funcionamento de instituições que prestem serviços de atenção a pessoas com transtornos decorrentes do uso, abuso ou dependência de substâncias psicoativas, dentre elas as Comunidades Terapêuticas. Você poderá conhecer o que e como deve funcionar uma instituição para atendimento de dependentes químicos. Conheça essa resolução em: <http://www.brasilsus.com.br/legislacoes/anvisa/108617-29.html>.

12.4 Histórico das Comunidades Terapêuticas

- 1860 – Associação Cristã do I Século: esse grupo buscava um estilo de vida mais fiel aos ideais cristãos, e se encontravam várias vezes por semana para ler e comentar a Bíblia; comprometiam-se a ser honestos. Em 1900, o nome foi mudado para Rearmamento Moral.

- 1877 – Movimento Cruz Azul: fundado em Genebra, Suíça, com 125 anos de história, Cruz Azul é um movimento cristão global que intervém na questão do álcool e outras drogas, procurando melhorar a qualidade de vida através do verdadeiro amor, fé e liberdade, independentemente de tendência política ou ligação religiosa confessional.

- Federação Internacional das Comunidades Terapêuticas em números:
    - 83.296 membros.
    - 51 países afiliados.
    - 3.000 grupos ativos de alcoólicos e dependentes químicos.
    - 1.632 colaboradores assalariados.
    - 167 escritórios de aconselhamento.
    - 155 centros de tratamento.

- 1921 – Oxford: fundada por Frank Buchman, ministro evangélico luterano, e pelo Dr. Samuel Shoemaker, clérigo episcopal da Igreja Episcopal do Calvário de Nova York, onde fixou a sede do Movimento Mundial de Oxford. Este grupo foi influenciado pelos quacres (movimento religioso protestante, conhecido como Sociedade Religiosa de Amigos, britânico do século XVII) e pelos anabatistas (1525 – Zurique/Suíça).

12.5 Influências religiosas

As primeiras influências religiosas sobre o grupo de Oxford e o dos Alcoólicos Anônimos (AA) ressurgem como componentes da moderna Comunidade Terapêutica (CT). Parte das ideias e práticas até hoje sustentadas inclui: ética do trabalho; o cuidado mútuo; os valores cristãos, destacando a honestidade, a pureza, o altruísmo, o amor, o autoexame, o reconhecimento dos defeitos de caráter, a reparação e o trabalho em conjunto e a orientação partilhada.

- 1935 – Alcoólicos Anônimos (AA): fundado em Akron, Ohio, por dois alcoólicos em recuperação: Bill Wilson, corretor em NY, e Bob Smith, médico de Akron.

A história dos AA é uma exposição completa dos princípios e tradições dos 12 passos descritos na literatura, principalmente em *Alcoólicos Anônimos que Atingem a Maioridade*, escrito por Bill no ano de 1957.

No século XIX, vários "bebedores" em recuperação fundaram um movimento denominado Washingtonianos. Esse movimento, que logo se extinguiu, continha alguns elementos que mais tarde apareceram nos trabalhos das CTs, incluindo o apelo à abstinência (a não beber), a propaganda de sua mensagem a outras pessoas e a prática da autoavaliação durante reuniões do grupo.

Figura 12.2 - Grupo de Alcoólicos Anônimos reunido.

Os 12 passos e as 12 tradições da AA são os princípios que guiam o indivíduo no processo de recuperação. Esses passos e tradições enfatizam a perda de controle da pessoa com relação à substância (álcool) e a entrega a um "poder superior", o autoexame, a busca de ajuda do poder superior para a mudança do próprio eu, a reparação de males que tem causado uns aos outros, a oração na luta pessoal e o oferecimento de ajuda a outras pessoas para que entrem num processo semelhante. Posteriormente foi criado o NA, Narcóticos Anônimos.

» 1958 – Synanon

O Synanon foi fundado na cidade de Santa Mônica na Califórnia, por Charles Dederich, um alcoólico em recuperação que uniu suas experiências no AA a outras influências filosóficas, pragmáticas e psicológicas. O início foi despretensioso e tinha características clássicas de um grupo de autoajuda. Dederich, ao lado de vários companheiros de AA, iniciou em seu apartamento reuniões com grupos semanais de "associação livre". Isso fez com que houvesse um peculiar processo grupal de encontro denominado "O jogo", resultando em claras mudanças psicológicas nos participantes, incluindo o próprio Dederich, surgindo então uma nova modalidade de terapia.

Um ano mais tarde, em agosto de 1959, a organização se tornou uma comunidade residencial para tratamento de todos os usuários abusivos, independentemente da sua substância preferida. A separação entre religiãoe terapia é explícita nas CTs norte-americanas e europeias. Em outras regiões e culturas, como a América Latina, a prática terapêutica e os ensinamentos religiosos têm sido integrados à rotina diária das CTs.

Figura 12.3 - Símbolo dos Alcoólicos Anônimos.

» 1959 – Desafio Jovem de Nova York

Fundado pelo reverendo Davi Wilkerson, que iniciou o trabalho com gangues de rua na cidade de Nova York. David é talvez mais conhecido por seus primeiros dias de ministério para jovens tóxico-dependentes e membros de gangues, em Manhattan, Bronx e Brooklyn. Ele conta que esta aventura toda teve seu início numa noite:

"sentei-me para o meu estudo bíblico como de costume quando vi a revista *Life*. Eu simplesmente virei uma página e, à primeira vista, parecia que não havia nada que me interessasse. A página mostrava um desenho de um julgamento que ocorria em Nova York, a 350 quilômetros de distância da minha casa no interior do estado da Pensilvânia, EUA. Eu nunca tinha ido a Nova York, nem nunca quis ir, exceto talvez para ver a Estátua da Liberdade. Eu comecei a virar as páginas da revista até que algo chamou minha atenção. Foi uma figura de um desenho dos olhos de um menino. Ele era um dos sete meninos levados a julgamento por assassinato. Eu segurei a revista mais perto para obter uma melhor visão. O artista tinha capturado um olhar de espanto, ódio e desespero nas características do jovem. De repente, comecei a chorar" (WILKERSON, 1959).

Figura 12.4 - David Wilkerson fundador do Desafio Jovem.

David se perguntou, espantado, "O que estaria acontecendo?" As lágrimas em seu rosto não paravam de rolar. Ele observava a foto e via os meninos que eram todos adolescentes, membros de uma gangue chamada de Dragões. Eles atacaram brutalmente um jovem de quinze anos, chamado Michael Farmer, e o mataram. A história o revoltou. Essa tragédia tocou fundo o coração de David e um sentimento o impulsionou a ir para Nova York e ajudar os rapazes. Ele foi para Nova York enquanto o julgamento pela morte do adolescente ainda estava em andamento. Esta viagem mudou a sua vida para sempre.

Amplie seus conhecimentos

Você poderá conhecer sobre o início das Comunidades Terapêuticas lendo alguns livros como: A cruz e o punhal, de David Wilkerson (já falado sobre ele aqui) ou o livro de George De Leon, sobre Comunidade Terapêuticas que é um manual sobre tratamento do abuso de drogas. Sintetizando décadas de experiência clínica e pesquisa, o autor descreve e analisa detalhadamente a história, o quadro conceitual e a prática da Comunidade Terapêutica. Esta obra serve de base para quem trabalha em comunidades terapêuticas para dependência de drogas, é esclarecedora e importante nas questões para quem atua em outras áreas da dependência de substâncias e afins. Também poderá apreciar o testemunho do pastor e missionário Nick Cruz, convertido por David Wilkerson, por meio dos trabalhos com gangues e viciados que este desenvolveu no vídeo: <https://www.youtube.com/watch?v=38FuBgrHw3Q> ou ler ainda o livro que Nick escreveu: Foge, Nicky, foge!. (Cruz, Nicky. Buckingham, Jamie. Belo Horizonte: Betânia, 2006).

O peso no coração de David para com os perdidos da cidade aumentou e em 1958 e ele criou o "Teen Challenge" (Desafio Jovem), um ministério para alcançar as pessoas com hábitos destrutivos, com sede em um pequeno escritório em Staten Island, Nova York. O Desafio Jovem foi lançado com o pastor Wilkerson realizando pregações de rua, e através dessas reuniões muitos líderes de gangues como a gangue dos "Maus Maus", e seus membros foram convertidos. Através deste ministério muitos homens, mulheres e jovens endurecidos vieram a Cristo, permitindo que o Espírito de Deus transformasse suas vidas. Em 1960, a sede do Desafio Jovem mudou-se para uma casa grande na Clinton Avenue, no bairro do Brooklyn. A residência oferecia proteção para os dependentes químicos e os membros de gangues, com camas e abrigo para jovens problemáticos e sem-teto. Em 1958, muitas pessoas pensavam que David Wilkerson era louco por tentar levar o evangelho para adolescentes viciados em drogas de Nova York.

A história de David Wilkerson nos primeiros cinco anos na cidade de Nova York é contada em *A Cruz e o Punhal*, um livro que se tornou best-seller, um fenômeno com mais de 15 milhões de exemplares vendidos, publicado em mais de 30 idiomas.

Assista ao filme *A Cruz e o Punhal* – Título original: *The Cross and the Switchblade*

Sinopse: <http://www.youtube.com/watch?v=VqL8QsxncSU&feature=related>.

» 1962 – Daytop – Nova York – Daytop ou Vila Daytop

É uma organização de tratamento para dependentes químicos, com instalações em Nova York e Nova Jersey, que foi fundada em 1963 pelo Dr. Daniel Casriel, juntamente com o monsenhor William B. O'Brien, padre católico romano, fundador e presidente da Federação Mundial de Comunidades Terapêuticas. De acordo com Dr. Casriel, o nome era originalmente um acrônimo para dependentes de drogas tratados em liberdade condicional e era originalmente uma espécie de casa de passagem para viciados e presidiários. Outro relato atribui o nome ao acrônimo em inglês para "Toxicodependentes – Rendimento para Persuasão".

O programa Daytop, considerado um dos mais antigos programas de tratamento para dependentes químicos dos Estados Unidos, enfatiza o papel da interação entre pares em seus modos de tratamento. É também descrito como "uma comunidade de apoio emocional em que as pessoas se sentem seguras, assistidas, mas, ao mesmo tempo, são mantidas estritamente responsáveis pelo seu comportamento". Estima-se que 85% dos pacientes tratados em Daytop permanecem em manutenção de abstinência ao longo da vida.

12.6 A Comunidade Terapêutica no mundo e no Brasil

A Federação Mundial de Comunidades Terapêuticas é prova de que o resultado tem atingido e alcançado os objetivos propostos no tratamento de usuários de drogas, pois, além de estarem presentes nos cinco continentes, as Federações estabelecidas em cada um deles também estão presentes em mais de 100 países.

Figura 12.5 - Logotipo da Federação Brasileira de Comunidades Terapêuticas.

A Comunidade Terapêutica tem dado provas de constituir uma eficiente abordagem de tratamento do abuso de substâncias e de problemas da vida vinculados a este abuso. Ela é fundamentalmente uma abordagem de autoajuda, desenvolvida de forma primordial fora das práticas psiquiátricas, psicológicas e médicas tradicionais, apresentando um programa terapêutico como proposta. Hoje, no entanto, no mundo todo, as Comunidades Terapêuticas apresentam uma sofisticada modalidade de serviços humanos, como o evidenciam a gama de serviços, a diversidade da população servida e o corpo em desenvolvimento de pesquisas vinculadas a Comunidades Terapêuticas.

12.7 Missão e objetivos da FEBRACT – Federação Mundial das Comunidades Terapêuticas

O objetivo da Federação Mundial de Comunidades Terapêuticas é para que se unam em uma associação mundial de compreensão, partilha e cooperação no Movimento de Comunidades Terapêuticas global, bem como para ampliar o reconhecimento e aceitação da Comunidade Terapêutica e a abordagem deste modelo entre as organizações de saúde nos organismos internacionais e nacionais. As CTs são chamadas para um trabalho com abordagem holística para o tratamento, abrangendo todas as disciplinas, incluindo serviços médicos, psiquiátricos e sociais, também técnicos treinados e prestadores de serviços profissionais.

Dentre outras metas destacamos coordenar equipes e programas de formação em auxiliar no tratamento para estabelecer e realizar parcerias viáveis entre as Comunidades Terapêuticas; Financiamento na formação e investigação corporativos e fontes de financiamento; Construir pontes com outras disciplinas profissionais (psiquiatria, psicologia, sociologia, gestão etc.), com a finalidade de desenvolver o entendimento mútuo e parceria na prestação de saúde; Estabelecer relação oficial com organizações governamentais internacionais, bem como as ordens profissionais e privadas; Patrocinar as Conferências Mundiais de Comunidades Terapêuticas no Brasil.

Estima-se que existam mais de 2.000 CTs, oferecendo tratamento para mais de 40 mil residentes e dando emprego direto a 10 mil pessoas no Brasil. Em parceria com a Secretaria Nacional sobre Drogas e com as Federações, está sendo realizado um censo para levantar dados atualizados sobre este importante trabalho das CTs, cuja atuação no Brasil vem desde 1969.

12.8 Algumas Comunidades Terapêuticas no Brasil

» 1969 – Movimento Jovens Livres – Anápolis, Goiás
» 1972 – Desafio Jovem de Brasília – DF
» 1973 – Esquadrão da Vida de Bauru – SP
» 1975 – Desafio Jovem de Taubaté – SP
» 1975 – Molivi – Movimento para Libertação de Vidas – Maringá/PR
» 1977 – Crenvi – Casa de Recuperação Nova Vida – Curitiba/PR.

12.9 O trabalho nas Comunidades Terapêuticas

As CTs são aqui entendidas como instituições não governamentais de atendimento ao dependente químico, em ambiente não hospitalar, com orientação técnica e profissional, cujo o principal instrumento terapêutico é a convivência entre os residentes seguindo atualmente a legislação RDC 29. As CTs surgiram no cenário brasileiro antes mesmo de existir qualquer política pública de atenção à dependência química no país.

Frente à proporção que a questão do uso e da dependência de drogas alcançou no mundo e no Brasil, associada à violência e ao crime organizado, atingindo cidadãos de todas as classes sociais e em uma faixa etária cada vez mais precoce, as políticas públicas para essa área começaram a ser pensadas e implantadas, embora de forma lenta e gradativa. Apesar de as Comunidades Terapêuticas no Brasil realizarem mais de 80% dos internamentos para dependência de álcool e de drogas e outras instituições (CAPs, residências terapêuticas, Hospitais psiquiátricos, Clinicas) realizam apenas 20%, CTs estão sendo preteridas na esfera governamental, ante ao explícito apoio aos Capsad e ao Serviço de Redução de Dano, portanto necessárias algumas ações importantes, visando à melhoria na qualidade do atendimento. Vejamos algumas delas.

1º – Resgate da dignidade da CT através de um trabalho eficiente

É compreensível o fato de que no passado muitas CTs iniciaram seu trabalho sem as mínimas condições estruturais e técnicas para um funcionamento adequado, sem estrutura mínima e sem profissionais habilitados, porém a época do empirismo já passou, e não podemos permitir que esta situação perdure. Vivemos uma realidade de inúmeras dificuldades para a manutenção do trabalho, sem o devido apoio do Estado, porém "O bom líder não é aquele que vive murmurando dos recursos que não tem, mas aquele que faz o melhor possível com o que tem... e segue em busca de conseguir o que lhe falta com excelentes e verdadeiras justificativas" (CORREA, 2014).

É evidente que é muito difícil realizar um trabalho terapêutico com recursos extremamente escassos, na base da doação, mas existem algumas ações que podem ser executadas mesmo com dificuldades, por exemplo:

» Grupo de profissionais voluntários;
» Parcerias com universidades para a implementação de novos projetos;
» Parcerias com universidades para o serviço de estagiários de áreas específicas, como psicologia, terapia ocupacional, serviço social e outras;
» Elaboração de um programa terapêutico;
» Manter a documentação e a contabilidade em ordem;
» Oferecer treinamento e reciclagem para equipe de monitores;
» Manter o espaço físico da CT limpo e acolhedor;
» Seguir a legislação vigente para atendimento à Vigilância Sanitária

2º – Resgate de princípios e valores éticos

» Abra seus braços para mudanças, mas não abra mão de seus princípios.

Muitas CTs têm deixado a desejar neste quesito. Isto faz com que a opinião pública generalize a desorganização, rotulando como ruins até mesmo aquelas que fazem o trabalho com excelência, mantendo um quadro de profissionais adequado e um programa terapêutico viável.

Neste aspecto, as CTs devem:

» Ser abertas e transparentes: realizar o que se propõem, e o que relatam deve ser o que de fato aconteceu, estar sempre prontas para vistorias e fiscalizações, ter suas contas em dia e contabilizadas;
» Submeter-se a avaliações periódicas: dos métodos utilizados na CT, seu papel junto à sociedade, suas ações, e ter a definição clara de propostas e metas, com programa terapêutico funcionando; todos devem conhecer a missão da CT, sua visão, metas e a CT deve apresentar os registros adequados.
» Adequar-se à nova realidade: ao perfil e à realidade do dependente químico atual; às exigências legais (documentação), à RDC e às legislações vigentes.

3º – Treinamento constante do grupo de trabalho

Um dos mais importantes fatores de sucesso ou de fracasso de uma organização na atualidade são as capacitações e os treinamentos. A dependência química é muito dinâmica, e, se o crime é organizado, a Comunidade Terapêutica também deve ser; portanto o trabalho deve ser realizado com excelência. Para isto devem ocorrer treinamentos e reciclagem de tempos em tempos, treinar a equipe, motivá-los, capacitar os funcionários, os monitores e os líderes para que todos possam ter a clareza de que fazem parte de um time, de uma equipe, que tem o objetivo maior de dar esperança de uma nova vida àqueles que estão escravizados pelas drogas.

» Equipe técnica: são os profissionais: médicos, psicólogos, assistentes sociais, terapeutas ocupacionais, técnicos em reabilitação em dependência química, entre outros;

» Monitoria: são os instrutores da comunidade, aqueles que orientam e auxiliam no dia a dia;

» Funcionários: aqueles que são responsáveis pelo operacional da CT: motoristas, cozinheiros, porteiros, auxiliares de escritório, gerentes, secretaria, telefonista etc.;

» Liderança: diretoria estatutária, diretoria executiva, administrativo, financeiro, clínico.

4º – Priorizar a qualidade do atendimento oferecido

Para conhecer o andamento da instituição e da empresa é necessário estabelecer parâmetros de medidas, não somente subjetivos, mas que facilitem o gestor na tomada de decisão. Qualidade objetiva é tudo aquilo que podemos medir, e subjetiva é o que não pode ser mensurado. Na gestão da Comunidade Terapêutica não é diferente. Deve-se constantemente buscar a excelência no serviço prestado e periodicamente a fim de se avaliar o trabalho.

Vamos recapitular?

Neste capítulo você aprendeu sobre a história das Comunidades Terapêuticas, conhecendo como tudo começou nas comunidades na Alexandria. Conheceu algumas instituições e como iniciaram seus trabalhos dentro da área de recuperação de usuários de álcool e drogas. Teve conhecimento das principais instituições e seus fundadores tais como: Daytop, Desafio Jovem, Alcoólicos Anônimos, Synanon, Grupo de Oxford, e finalizamos o capítulo falando sobre a FEBRACT e o trabalho realizado nas Comunidades Terapêuticas, o resgate da dignidade da CT através de um trabalho eficiente, o resgate de princípios e valores éticos, o treinamento constante do grupo de trabalho e a qualidade do atendimento oferecido.

Agora é com você!

1) Faça uma pesquisa (na internet ou em livros) sobre uma Comunidade Terapêutica, descrevendo a visão, missão, filosofia ou valores desta instituição.

2) Leia os textos nos blogs Amantes da história dos alcoólicos anônimos e A história do AA – seu nascimento e desenvolvimento, e responda as seguintes questões. Alguns sites que poderão ser pesquisados:

» <http://www.aabr.com.br/ver.php?id=223&secao=20>

» <http://www.alcoolicosanonimos.org.br/component/content/article/45-front-page/155-o-nascimento-de-aa.html>

» <http://www.oprimeiroabraco.com.br/web/os-12-passos-do-aa/>

» <http://existeumasolucao.com.br/pdf/vi-dos-passos.pdf>

» <http://www3.desafiojovemrio.com.br/index.php/institucional/historia>

   a) Quem foram os fundadores do AA?

   b) Quais foram as cinco (5) primeiras proposições de Bill W antes dos 12 passos do AA?

   c) Descreva os 12 passos e as 12 tradições do AA e do NA.

   d) Pesquise quando e como se deu a fundação no Brasil do Desafio Jovem, fundado pelo reverendo David Wilkerson.

13

Elementos Essenciais da Comunidade Terapêutica

Para começar

Neste capítulo estudaremos o funcionamento e os elementos essenciais e as atividades dentro das Comunidades Terapêuticas como: o compartilhar, a honestidade, a mudanças, a atenção na pessoa e a hierarquia, bem como as tarefas, a organização, o ambiente físico, os privilégios, as reuniões e os estudos.

13.1 Elementos essenciais básicos da Comunidade Terapêutica

Hobart Mowrer concluiu em seus estudos que os elementos primordiais e essenciais nas Comunidades Terapêuticas são:

» Compartilhar: é um dos fatores fundamentais e comuns. A referência não é somente em relação aos bens, mas sim compartilhar com os membros do grupo o que cada um possui do ponto de vista humano, ou seja, os pontos fracos, os desejos, as angústias, os sonhos, suas derrotas e suas vitórias. Compartilhar seu testemunho e depoimentos.

» Honestidade: é outro ponto forte que emerge do fenômeno das Comunidades Terapêuticas: "Participe do grupo e fale coisas de você, não dos outros, de trabalho, de política, mas fale aquilo que provoca medo e dor dentro de você." É uma referência clara à necessidade do ser humano de comunicar-se sem máscaras, em relações humanas autênticas. Esta honestidade diante do grupo é um valor muito antigo que apareceu nas primeiras comunidades cristãs e era chamada de confissão aberta ou autorrevelação e deve ser estimulada.

- » Mudanças: é outra característica que aparece nos estudos de Mowrer. É o abandono da posição clássica vertical médico e paciente nas relações terapêuticas. As interações que se estabeleceram na comunidade, no grupo – como um todo – rompem as estruturas rígidas de hierarquia e oferecem mais aproximação em sua horizontalidade, dando assim oportunidade a maior possibilidade de ajuda para as mudanças de vida e de comportamento.

- » Atenção na pessoa: a atenção é colocada sobre o indivíduo no grupo, e ele passa a ser o protagonista das ações terapêuticas porque sabe do que precisa. Porém, sozinho, é incapaz de buscar, daí a importância da ajuda mútua. Cada um é responsável pelo seu próprio crescimento e busca ajuda no outro para se ajudar. Sendo assim, cada um é terapeuta primeiramente para si mesmo, e também para os outros da comunidade.

Figura 13.1 - Grupo reunido compartilhando.

- » Hierarquia: a hierarquia é meramente funcional, não interferindo nas relações entre as pessoas. A vida comunitária não poderá ser terapêutica se não desaparecer a dualidade equipe-residente. Enquanto existirem dentro da mesma estrutura o grupo que faz o tratamento e o grupo que recebe o tratamento significa dizer que ainda estarão longe da verdadeira essência da Comunidade Terapêutica e distantes das conquistas.

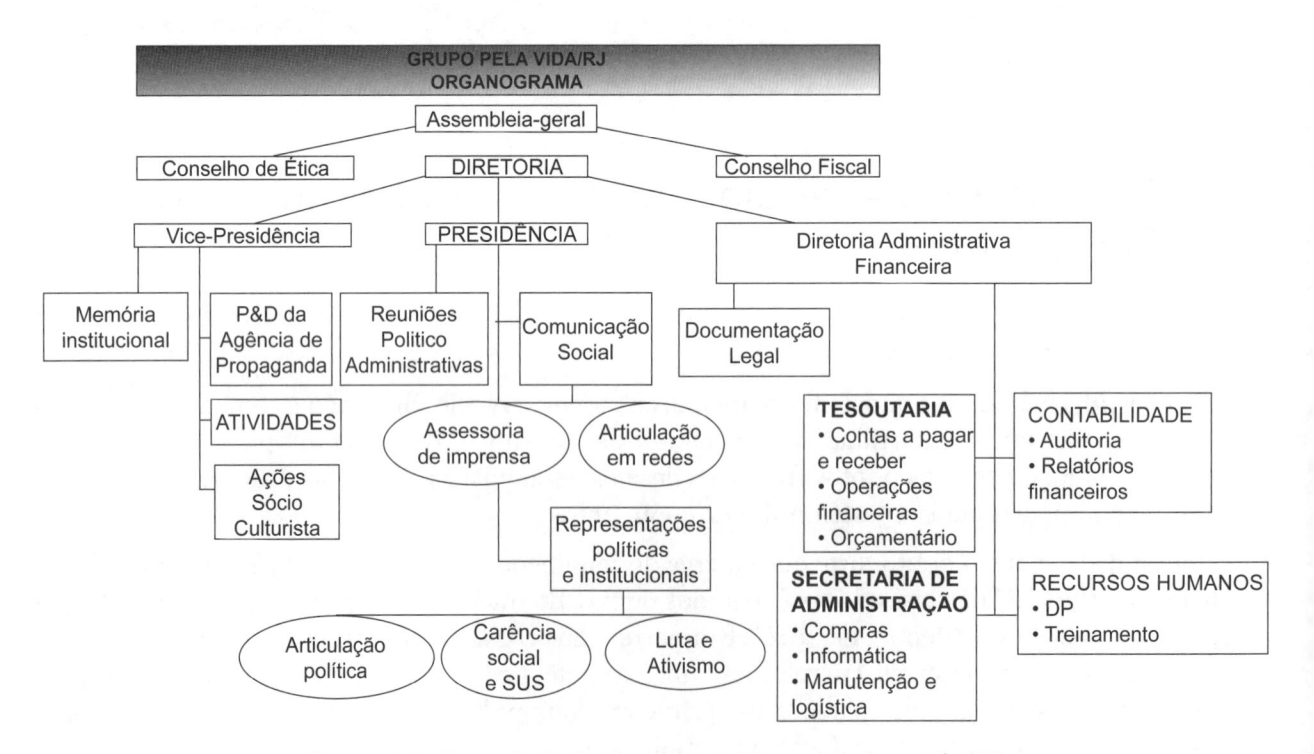

Figura 13.2 - Exemplo de Organograma – Hierarquia dentro da CT.

13.1.1 Elementos essenciais necessários das CTs para dependentes químicos

- Aconselhamento individual, grupal e familiar;
- Atribuição de tarefas;
- Reunião departamental;
- Recreação organizada;
- Recompensas e sanções;
- Hábitos de higiene, moderação verbal;
- Narrativas pessoais;
- Pressão positiva do grupo;
- Aprendizagem através da crise;
- Espiritualidade (capelania);
- Isolamento (temporário) em relação ao mundo externo;
- Mútua ajuda;
- Responsabilidade pelo próprio comportamento (limites);
- Internalização de um sistema de valores positivo;
- Oficinas terapêuticas;
- Sistema aberto de comunicação;
- Aprendizagem social, por meio da interação social;
- Modelagem de comportamento;
- Estrutura voltada para facilitar a expressão, visando à liberdade para exprimir emoções e entendê-las;
- Confrontação existencial;
- Grupos de sentimento;
- Compromisso com a participação.

Figura 13.3 - Trabalho na CT – trabalho em hortas e atividades domésticas.

13.1.2 Os elementos essenciais da CT

A CT pode e deve ser definida como uma abordagem de autoajuda e ajuda mútua peculiar, ainda que autenticamente social e psicológica de tratamento da dependência química. O termo comunidade denota o método (ou abordagem) empregado para atingir e alcançar a meta da mudança individual.

A comunidade é usada com vistas a curar emocionalmente os indivíduos e educá-los nos comportamentos, atitudes e valores de uma vida saudável. E a palavra terapêutica denota as metas sociais e psicológicas da CT, isto é, alterar o estilo de vida e a identidade do indivíduo.

Os elementos essenciais da abordagem da CT vêm de múltiplas fontes, sendo observadas e analisadas por pesquisadores, acerca de seus programas terapêuticos, da literatura conceitual e histórica há mais de 40 anos.

Os elementos essenciais organizados num quadro unificador consistem em três componentes: a perspectiva, o modelo e o método:

» Perspectiva: como a CT concebe o transtorno de abuso de substâncias, o usuário abusivo individual, o processo de recuperação e o bem viver;

» Modelo: apresenta o que é a CT como programa de tratamento, sua estrutura, sua organização social e sua rotina diária de atividades;

» Método: é a própria comunidade, da qual os integrantes se utilizam para aprender sobre si mesmos, por meio da convivência com o outro.

Os três componentes (perspectiva, modelo e método) provocam o processo de mudança individual do estilo de vida e da identidade. O modo como estas mudanças ocorrem depende da maneira como o indivíduo responde, interagindo com a comunidade e internalizando os ensinamentos oferecidos por ela.

> **Amplie seus conhecimentos**
>
> Para você conhecer mais sobre a Federação Brasileira de Comunidades Terapêuticas (FEBRACT), que foi fundada em 16 de outubro de 1990, visite o site: <http://www.febract.org.br/?navega=historico> e conheça o histórico, o estatuto, o código de ética e as instituições filiadas da FEBRACT. Como sugestão, conheça mais sobre Comunidade Terapêutica assistindo ao filme 28 Dias com Sandra Bullock.

13.2 Comunidade Terapêutica: teoria – concepção

Os dependentes químicos têm extrema dificuldade na percepção, na tomada de decisões, no julgamento, na resolução de problemas, e lhes falta também capacidade educacional, vocacional e interpessoal. Tudo isso faz com que eles desenvolvam uma baixa autoestima, causando um extremo isolamento social e, consequentemente, um enorme preconceito e estigma por parte da sociedade. Eles precisam reaprender a ganhar autoconfiança.

Para a CT, a recuperação não pretende apenas retornar o indivíduo ao estado de funcionamento corporal anterior à morbidez ou doença, pois para a CT apenas alcançar a abstinência não é o suficiente. É necessário que ocorra uma mudança de estilo de vida e de identidade, que deve se estender para além do tratamento, durante toda a recuperação. E os ensinamentos do bem viver devem ser aplicados durante toda a vida. A isto chamamos manutenção. A CT possui uma base organizacional, regras formais, valores, crenças e costumes específicos da sua própria "cultura". A comunidade é o próprio método no processo de mudança, e isto diferencia a CT de outras modalidades de comunidade e até mesmo de demais alternativas de tratamento.

Figura 13.4 - Terapia ocupacional – atividades manuais.

O objetivo das CTs é tratar o transtorno individual, e seu propósito mais amplo é transformar estilos de vida e identidades pessoais. A partir do seu progresso com a compreensão da comunidade, os indivíduos sentem-se psicologicamente seguros para serem vistos, compreendidos e aceitos pelos outros e se vinculam uns aos outros, trocando experiências e palavras de ajuda.

O trabalho na CT não é apenas o mediador de objetivos educacionais, terapêuticos e comunitários, mas também um meio de administração e aprimoramento da comunidade. A hierarquia de funções é separada por nível de complexidade e tempo no programa, a fim de atingir problemas individuais em todas as áreas do trabalho. A mudança terapêutica e ocupacional é mediada por uma variedade de papéis ocupados por funcionários, monitores e companheiros na organização social da CT. Vimos aqui vários papéis e funções do pessoal encarregado do programa de tratamento e do gerenciamento clínico nas instalações residenciais nas CTs, e que todos os membros da comunidade (funcionários e residentes) têm a obrigação de serem modelos de comportamento em relação aos ensinamentos da comunidade sobre a recuperação e o bem viver.

O ambiente físico de uma CT para dependentes químicos, assim como a organização, os relacionamentos, as divisões de tarefas e a segurança são todos elementos utilizados para promover a ordem e o bem viver. Para que haja recuperação na CT é essencial remover o dependente de ambientes físicos, sociais e psicológicos antes associados a sua perda de controle e ao seu estilo de vida disfuncional e negativo. Cada estágio marca o nível em que o indivíduo está na organização social da CT; indica também o ponto em que o indivíduo está na socialização e no seu desenvolvimento psicológico.

Figura 13.5 - Oração reconhecendo o Ser Superior – 12 Passos do AA.

Os privilégios e as sanções são também componentes distintos da comunidade como método, eles constituem as respostas claras da comunidade à maneira como os indivíduos atendem as expectativas dela. Essas respostas refletem, respectivamente, a aprovação e a desaprovação de comportamentos e atitudes dos indivíduos com respeito às normas da vida diária, da recuperação e dos ensinamentos do bem viver da CT.

Figura 13.6 - Pregação da Palavra e louvor.

Os privilégios e as sanções disciplinares são os modos prescritos de expressão de aprovação e desaprovação pela comunidade em relação ao procedimento do residente no tratamento.

Fique de olho!

Comorbidade é a ocorrência de duas doenças diagnósticas em um mesmo indivíduo. Estudos demonstram que o abuso de substâncias é o transtorno coexistente mais frequente entre portadores de transtorno mental. Os mais comuns são: os transtornos do humor, transtorno de ansiedade, transtorno de déficit de atenção e a esquizofrenia. As comorbidades psiquiátricas vêm sendo um crescente campo de pesquisa, cujos dados mostram uma alta prevalência entre mais de um diagnóstico psiquiátrico. Nas duas últimas décadas, autores vêm destacando a crescente comorbidade entre dependência química (DQ) e transtornos psiquiátricos em geral. Os Transtornos de Personalidade (TP) apresentam uma importância cada vez maior depois que estudos recentes constataram que eles são muito mais expressivos em usuários de álcool e drogas do que na população em geral e alteram repentinamente o curso da Doença Psíquica. É necessário ficar atento às comorbidades durante uma entrevista ou a algum internamento para poder ocorrer o tratamento também desta doença associada. Conheça mais sobre comorbidades no estudo: <http://www.maededeus.com.br/Documentos%5CUDQ%5CComorbidade%20de%20Eixo%20II%20e%20transtorno.pdf>.

13.3 A hierarquia de funções de trabalho dos residentes nas CTs

Na CT, a divisão e distribuição do trabalho são determinadas pela hierarquia de funções, que é definida para cada residente, de acordo com a necessidade de aprendizado ou modificação das características psicológicas e sociais de cada um. Os residentes que ocupam posições de trabalho no programa clínico ou na operação das instalações estão em contato diário com os funcionários, o que ajuda no processo terapêutico.

As funções de trabalho vão desde as mais simples, que não exigem níveis de especialização, até as que requerem uma formação educacional ou vocacional especial. Para isso é confeccionada semanalmente uma escala de atividades com as divisões em que cada um aprende a lidar com as diversas situações do dia a dia.

Mesmo os residentes que ocupam posições no órgão da CT, onde não estão em contato diário com os companheiros, as posições de trabalho dão importante contribuição à socialização e aos objetivos terapêuticos.

13.4 Privilégios na perspectiva e na abordagem da CT

Os privilégios são recompensas explícitas concedidas pelo corpo de funcionários, embora os privilégios concedidos pela CT sejam bastante corriqueiros, é sua relevância social e psicológica para o indivíduo que aumenta sua importância como métodos clínicos e de administração da comunidade.

Os privilégios e sanções são reações da comunidade à maneira como o indivíduo atende as expectativas dela. A busca de privilégios reflete a agregação do indivíduo à comunidade. Inversamente, a aceitação pelo indivíduo da sanção disciplinar e o aprendizado a partir dela refletem a influência subjacente da separação dos objetivos na comunidade, que tem como implicação última a desistência ou o desligamento.

A comunidade é o meio primário de ensino e cura. Na comunidade terapêutica (CT), a maior parte das atividades é coletiva e projetada de modo a fortalecer a sensação de ambiente comum. Essas atividades podem ser formais, informais ou espontâneas.

Figura 13.7 - Treinamentos e cursos.

13.5 Reuniões na perspectiva e na abordagem da CT

Aumentar a percepção de comunidade entre os participantes é o objetivo comum das reuniões principais na CT. Cada reunião tem um formato diversificado e metas específicas. Essas diferenças refletem o gerenciamento comunitário e clínico, além de considerações psicológicas.

13.5.1 A reunião da casa

» A principal função é a administração da comunidade: Essa função deve ser conduzida com eficiência, uma vez que é necessário transmitir uma quantidade considerável de informações sobre todas as atividades relevantes para os residentes, em particular programações de encontros, mudanças de tarefas e planos para o dia seguinte;

» As reuniões também têm uma finalidade clínica: Elas são fórum para comunicações positivas e negativas sobre as atividades dos residentes, sobre o que acertaram e erraram durante as atividades diárias.

13.6 Métodos

» É planejada e conduzida por um residente mais antigo, geralmente um coordenador e, às vezes, um monitor, embora seja essencial a presença de funcionários e da supervisão. O coordenador desenvolve a agenda básica e as informações a serem transmitidas.

» Os funcionários, tantos os mais experientes quanto os iniciantes, são responsáveis por identificar mudanças de tarefas de residentes e agendamentos de encontros a serem anunciados, já que estas são decisões clínicas importantes.

13.7 Condução da reunião da casa

Conversas informais não são incentivadas, a fim de assegurar que cada membro da comunidade escute e obtenha as informações corretas, particularmente com referência à designação de grupos e mudanças das tarefas. Este formato não varia, com exceção de anúncios especiais e designação de grupos, o que depende da reunião da noite. Grupos de encontro se reúnem 3 noites por semana, imediatamente depois da reunião da casa.

A reunião matinal, o seminário e a reunião da casa congregam toda a comunidade diariamente, ao passo que a reunião geral é convocada quando necessário. Embora cada reunião tenha um propósito específico, todas têm o objetivo comum de fortalecer a coesão da comunidade e as necessidades do indivíduo na CT, as várias reuniões favorecem a comunidade. Nesta reunião matinal é que se dão as orientações do dia.

A Comunidade Terapêutica é uma cultura de mudança. Todas as atividades, papéis sociais, interações interpessoais e ensinamentos comunitários centram-se no tema da mudança individual. Qualquer alteração no sentido do bem viver e de identidades sociais e pessoais positivas é considerada um progresso. À medida que o indivíduo participa e se envolve com a comunidade, passa a reconhecer e a admitir a própria mudança, e a comunidade atesta o movimento positivo deste progresso individual.

Figura 13.8 - Lendo e estudando a Bíblia dentro da CT.

As experiências essenciais para o processo de mudança na CT são definidas sob três temas amplos: cura emocional, relacionamento social/atenção e aprendizagem subjetiva. Vimos também os estágios motivacionais para mudança, e a importância de identificarmos cada um para uma maior efetividade no processo terapêutico.

Estudo realizado por CORREA, (2014) em sua tese de doutorado na UDE (Universidade de La Empresa - Montevideu - Uy) sobre o fator Educacional como favorecedor na recuperação de Dependentes Químicos onde apresenta respostas positivas, mostrando que o conhecimento pelo aprendizado, o estudo e o ensino auxiliam no fator de proteção e manutenção da abstinência.

Vamos recapitular?

Neste capítulo você estudou o funcionamento e os elementos essenciais e as atividades dentro das Comunidades Terapêuticas como: o compartilhar, a honestidade, a mudanças, a atenção na pessoa e a hierarquia, bem como as tarefas, a organização, o ambiente físico, os privilégios, os métodos, as finalidades clinicas, as reuniões e os estudos.

Agora é com você!

1) Cite pelo menos 10 elementos essenciais na comunidade terapêutica para dependentes químicos.

2) Descreva como deve ser a hierarquia de funções e de trabalho dos residentes numa Comunidade Terapêutica.

14

Reinserção Social

Para começar

Estudaremos a reinserção social e os aspectos interligados a este tema, tais como: as relações familiares e a prevenção, grupos de autoajuda, enfoque sistêmico, abordagem cognitivo-comportamental, terapia familiar, terapia familiar estratégica breve, medidas preventivas após o tratamento, projeto de vida (expectativas do paciente), premissas do projeto de vida, continuidade do tratamento após a alta, mudança do estilo de vida, metas, estabelecimento e resgate de rede social, aspectos profissionais, econômicos e financeiros, comunitários, espirituais, médicos e psicológicos.

Podemos entender que o processo de reinserção social deve ser iniciado no primeiro momento de atendimento do dependente, quando ele busca ajuda, seja por iniciativa própria ou involuntariamente, estimulada por iniciativas de familiares, empregadores, amigos, ou ainda por complicações de sua saúde, ou ainda por complicações judiciais. Deve ser ajudado na sua superação desde seu internamento, seja qual for o motivo da sua "entrada" nos sistemas de tratamento (residências ou comunidades terapêuticas, clinicas ou hospitais), e deve permanecer enquanto durar o processo. E isso independe do tipo de abordagem e das estratégias que vierem a ser adotadas em cada caso específico, estendendo-se a todas elas. Diante disso, pode-se afirmar que a reinserção social é um processo contínuo e de longa duração, interdisciplinar e que demanda qualificação dos serviços de atendimento e dos profissionais em todos os campos e aspectos.

Para compreendermos a reinserção social deveremos rever alguns conceitos e papéis, tais como da família, pois, como o próprio tema deste capítulo apresenta, na reinserção social o indivíduo é preparado para ser reintegrado na sociedade, ou seja, reintegrado na família, na comunidade ou no trabalho.

Durante esta etapa, são-lhe outorgadas algumas responsabilidades que vão ajudá-lo a desenvolver, testar e moldar o caráter do dependente em fase de recuperação para a reinserção. A confiança que lhe é presenteada ajudá-lo-á a aprumar a autoestima, bem como o encoraja a dividir e compartilhar a sua vida comunitária do dia a dia.

14.1 As relações familiares e a prevenção

As relações familiares são consideradas uma forma de prevenção quando a comunicação no ambiente familiar é clara e verdadeira, quando são estabelecidos regras e limites e quando há coerência entre o que é falado e o que é feito. Por essa razão a família deve fazer parte do tratamento a fim de se ajustar também e para trabalhar com o recuperando quando este retornar para casa, a fim de possibilitar uma reinserção com auxílio, ajuda e êxito. Os resultados no tratamento de um dependente químico são pequenos se a família não fizer parte do tratamento, portanto também é verdade que a reinserção do dependente no convívio familiar é fundamental. É importante que se entendam as etapas do tratamento Os tratamentos para pessoas com dependência de álcool e outras drogas devem ser multidisciplinares e preferencialmente integrados, tais como:

» Psicoterapia,
» Orientação familiar,
» Entrevista motivacional,
» Programa de desintoxicação domiciliar,
» Prevenção de recaída e
» Reinserção social e familiar do usuário.

De maneira geral, as psicoterapias familiares têm se destacado como uma abordagem de escolha na área de tratamento de dependentes de álcool e outras drogas no Brasil (SILVA, 2006). Payá e Figlie (2004) apresentam seis modalidades terapêuticas na abordagem familiar em dependência química. Iremos apresentar cada uma delas para sua melhor compreensão: São elas:

a) Grupos de autoajuda: São vários tipos de grupos existentes nos dias atuais. Os grupos de autoajuda para dependentes de drogas ou alcoólicos anônimos têm como base as 12 etapas dos Alcoólicos Anônimos e são trabalhados sistematicamente em reuniões em que cada um pode contribuir com suas experiências, seguindo os 12 passos.

b) Enfoque sistêmico: a partir da teoria geral dos sistemas e da comunicação, manifestaram-se várias escolas de terapia familiar: escola estrutural (entende a família como um sistema que se define em função dos limites de uma organização hierárquica, executando suas funções por meio de subsistemas), estratégia (o que caracteriza a família é a luta pelo poder), de Milão (homeostase) e construtivista (tanto a crise quanto o sintoma fazem parte do processo de mudança). A terapia a partir desse enfoque busca a mudança no sistema entre os membros da família pela reorganização da comunicação (destaque para a hierarquia e a definição de papéis familiares e resgate de autonomia). A partir deste enfoque a reorganização familiar favorece na compreensão da doença e na aceitação do processo de tratamento em que a comunicação é o elo familiar.

c) Abordagem cognitivo-comportamental: tem o objetivo de diminuir o estresse de todos os membros da família e melhorar sua capacidade de lidar com a doença, por meio de uma agregação de educação (informações, formas de tratamento, medicamentos, motivação), treinamento em comunicação (diminuir as interações tensas e negativas sobre os membros da família, substituindo-

-as por habilidades sociais mais construtivas) e habilidades em solução de problemas (plano de ação). Essa terapia visa o resgate de recursos pessoais para lidar com o processo de mudança de padrões de comportamentos familiares antigos, auxiliando na modificação de distorções cognitivas e crenças disfuncionais e facilitando lidar de maneira mais eficiente com o dependente químico. Esta terapia é realizada por profissional habilitado para tal.

d) Terapia familiar funcional: com abordagens sistemáticas, comportamentais e cognitivas, a teoria da terapia familiar está fundamentada no fato de que o indivíduo não é um ser isolado, mas sim um membro ativo e que reage nos grupos sociais. O indivíduo é um sistema, que por sua vez pertence à família e que por sua vez participa da sociedade. O indivíduo influencia o seu contexto, e é por ele influenciado, este indivíduo que faz parte de uma família, membro de um sistema social, ao qual deve se adaptar. Suas ações são governadas pelas ações do sistema, e estas características incluem os efeitos de suas próprias ações passadas. O objetivo básico desta terapia familiar sistêmica é trabalhar mudanças para uma melhor qualidade de vida, modificando o comportamento e os processos psíquicos internos de uma estrutura familiar. É uma terapia voltada para o complexo sistema no qual o indivíduo está inserido. Trabalha-se a mudança no funcionamento da dinâmica do sistema familiar, de maneira a intensificar o crescimento psicossocial de cada membro. O objetivo desta terapia é abrir novas possibilidades para dar oportunidade a mudanças para melhorar o convívio em família e ocorrer ajuda.

e) Terapia familiar estratégica breve: é uma intervenção com base familiar que objetiva a prevenção e o tratamento de problemas comportamentais da criança e do adolescente, abrangendo o abuso leve de substâncias; e

f) Solução de problemas: tem o enfoque diretamente na bebida e nas tentativas de modificar a situação com a participação ativa dos membros da família; está vinculada ao estímulo e ao controle de reforço. A ênfase não está no sistema familiar, mas em como a família unida pode ajudar o dependente a aliviar o seu problema. Tal modalidade depende da disponibilidade dos membros, do compromisso emocional e do foco nos problemas familiares ou do casal, advindos da dependência química. As abordagens utilizadas percorrem a psicoterapia familiar, os grupos de pares e multifamiliares ou ainda a psicoterapia de casal a fim de se entender os pontos fortes e os pontos fragilizados na relação familiar.

Figura 14.1 - Adaptação familiar.

14.2 Medidas preventivas após o tratamento

O atendimento social deve compreender toda a equipe que se preocupa em trabalhar com os pacientes como será a realidade após o tratamento, focando em medidas preventivas para que o paciente se mantenha abstinente. Para tanto dispõe de uma ampla variedade de técnicas, quase todas cognitivas ou comportamentais.

Para Laranjeira (2004), a recaída pode diminuir; para tanto "o indivíduo deve ser capaz de executar uma resposta de enfrentamento cognitiva ou comportamental eficaz. Diante da situação de alto risco, a probabilidade de recaída diminui significativamente".

Portanto, é importante e necessário que o paciente aprenda a lidar com situações de risco, e para tanto algumas possibilidades são apresentadas como: Narcóticos Anônimos (NA), Alcoólicos Anônimos (AA), Grupos familiares (ALANOON), Grupos para filhos (ALATEEN).

Verifica-se que a necessidade do seguimento sistemático oferece suporte na remoção de barreiras para a recuperação e a reinserção social dos pacientes.

Para entendermos o processo de reinserção ou reintegração social é importante e se faz necessário que nos reportemos ao conceito de exclusão, que é o ato pelo qual alguém é privado ou excluído de determinadas funções ou atividades, como da escola ou do trabalho.

A exclusão social implica, pois, uma dinâmica de abstenção por falta de acesso aos sistemas sociais básicos, como família, moradia, educação, saúde, trabalho formal ou informal, dentre outros. Não é outro senão o processo que se impõe à vida do indivíduo que estabelece uma relação de risco com algum tipo de droga, cuja fronteira para a exclusão é delimitada pelo início dos problemas sociais.

A reinserção deve assumir o caráter de restauração das perdas, e seu objetivo é a capacitação da pessoa para exercer em plenitude o seu direito à cidadania. O exercício da cidadania para o paciente em recuperação significa o estabelecimento ou resgate de uma rede social inexistente ou comprometida pelo período de abuso da droga. Neste cenário, ajudar o paciente a entrar em abstinência deixa de ser o objetivo maior do tratamento. Assim como as técnicas de prevenção à recaída representaram nos últimos anos grandes melhoras no tratamento do paciente, a sua reinserção social torna-se, também, um grande desafio para o profissional que se dedica à área das dependências químicas.

O processo de reinserção social deve-se iniciar com uma avaliação social, momento em que o profissional mapeia a vida do paciente em aspectos significativos que darão suporte ao seu novo projeto de vida, desenhado a partir das suas características pessoais e da etapa do tratamento em que se encontra. No processo de aprendizado a lidar com a sua relação com a droga, via tratamento (independentemente da sua modalidade), o paciente é submetido às demandas do mundo externo com todas as suas contradições. Sentimentos de rejeição, culpa, incapacidade, insegurança, entre outros, vão colocá-lo em frequentes situações de risco a fim de aprender a superar e encarar estas situações.

Por isso, já no primeiro contato, o profissional deverá assumir uma postura de motivação, acolhimento e uma atitude humanizada diante do paciente, atitude essa que deve ser solidária, e a crença na capacidade de o mesmo construir e/ou restabelecer sua rede social, que irão designar o estabelecimento de um vínculo positivo entre ambos. É uma parceria em que deve ser entendido e aceito que a porta para a ajuda estará sempre aberta, desde que o trânsito seja de mão dupla. Assim, o profissional e o paciente devem entender a reinserção social como um processo longo e progressivo que implica, inicialmente, a superação dos próprios preconceitos, que nem sempre estarão explícitos.

Os assuntos individuais e sociais de maior importância no contexto do paciente devem ser abordados e discutidos abertamente com o objetivo de encorajar uma consciência social e humana mais participativa.

14.3 Projeto de vida

O projeto de vida deve considerar fundamentalmente as expectativas do paciente e as suas possibilidades reais, enfatizando suas escolhas pessoais, incumbência das decisões e comportamentos futuros. Deve ser personalizado, "cada um é um ser diferente", devendo ser respeitadas as etapas do tratamento em que ele se encontra, lembrando que uma ou mais revisões poderão ocorrer dependendo da evolução do processo terapêutico e das condições sociais.

14.3.1 Premissas do Projeto de Vida

» Continuidade do tratamento: o paciente deve estar convencido de que seu tratamento não termina com a alta hospitalar ou a saída da instituição. A continuação do tratamento (qualquer que seja) é um espaço para a obtenção de suporte ao manejo das situações de risco. É um novo começo ou recomeço.

» Mudança do estilo de vida: a disponibilidade e a motivação do paciente para a mudança do seu estilo de vida que envolve, sobretudo, reformular os hábitos e valores adquiridos no período de ingestão das drogas. O ingresso em grupo de mútua ajuda e/ou grupo de apoio no local de trabalho é de grande importância e valia e pode funcionar como fator de proteção. É necessário separar-se dos amigos e dos locais em que fazia uso de drogas.

» Metas atingíveis: o estabelecimento das metas do projeto deverá ser realizado após uma leitura realista e objetiva das questões trazidas à discussão. É prudente iniciar com metas modestas, cujo alcance irá fortalecer a autoestima do paciente e a crença na sua capacidade de construção de uma nova realidade, em que cada passo deve ser valorizado e cada tropeço analisado cuidadosamente, a fim de que possa alcançar esses objetivos e superar as dificuldades dia a dia.

» Estabelecimento e/ou resgate de rede social: o período de abuso das drogas expõe o paciente a quebra e rupturas progressivas com a família, os amigos, o trabalho, a escola e a comunidade. É preciso recuperar e resgatar e/ou estabelecer novas redes de socialização. O profissional e o paciente devem investir conjuntamente na busca e na valorização de elementos que possam compor a rede de apoio para o processo de reinserção. Estes elementos podem ser: pessoas, instituições públicas ou privadas, e outras organizações sociais que possam oferecer apoio nas situações de risco.

14.3.2 Desenho do projeto de vida

A elaboração do projeto de vida tem implicações no estabelecimento de ações contínuas que interligam de forma harmoniosa os aspectos necessários ao estabelecimento ou resgate da rede social do paciente.

Não existe um setor da vida do paciente que é mais ou menos importante. O que ocorre é que em determinado momento algum aspecto pode estar precisando de uma atenção ou ação mais específica, daí a ideia da inter--relação harmônica.

Amplie seus conhecimentos

Leia o artigo da pesquisa de Eliane Ganev e Wagner de Lorence Lima: "Reinserção social: processo que implica em continuidade e cooperação", que propõe uma reflexão em torno do conceito de reinserção social de indivíduos que se tornaram dependentes de drogas, com o objetivo de oferecer uma contribuição na construção de políticas públicas sobre drogas e que são capazes de fazer frente a este importante problema de saúde pública na atualidade.

<http://www.google.com.br/url?sa=t&rct=j&q=&esrc=s&source=web&cd=4&sqi=2&ved=0CFgQFjAD&url=http%3A%2F%2Fwww.bibliotecadigital.unicamp.br%2Fdocument%2F%3Fdown%3D49404&ei=W6iCU_iGMJTLsQSu9oGACg&usg=AFQjCNEWOBS9BT-UK2w7WIRvvOFSOJVEbw>.

14.4 Aspectos familiares

A família é um lugar privilegiado para que o indivíduo aprenda a se relacionar com o mundo. Este aprendizado, mesmo comprometido pelo uso da droga e desgastados pelas relações de brigas, desarmonias e mentiras, se impõe ao paciente como referencial de desempenho e atitude diante da vida, necessitando de constante avaliação e confiança de ambas as partes.

Em geral, a família do dependente é uma família em crise, cuja resolução vai depender da disponibilidade de seus componentes para aceitar um processo de mudança. Tal como o paciente, a família pode aprender novas maneiras de viver, deixando comportamentos negativos e assumindo comportamentos positivos em relação ao paciente. Em geral, este processo de mudança na família e na sua relação com o paciente exige uma atenção especializada.

No Quadro 14.1, apresentamos diferenças sistemáticas de alguns comportamentos da família em relação ao paciente.

Quadro 14.1 - Comportamento familiar

Comportamentos negativos que não ajudam os pacientes na recuperação	Comportamentos positivos que auxiliam os pacientes na recuperação
Vigilância: persegue para vigiar o paciente.	Reconhecimento: valoriza as pequenas conquistas.
Agravamento: dramatiza a situações de risco, lapsos e recaídas vividos pelo paciente.	Disponibilidade: mostra-se solidário e se compromete com o processo de recuperação.
Culpa: reprova e recrimina as atitudes e iniciativas do paciente.	Diálogo: ouve, discute e reflete em conjunto com o paciente.
Indiferença: finge que não dá importância ao problema.	Acolhimento: demonstra afeto e compreensão pelo paciente e pela sua situação.
Vitimização: faz de si próprio uma vítima do paciente ou do seu problema.	Tem consciência da inexistência de soluções mágicas: a recuperação é um processo longo e gradativo
Passividade: submete-se a chantagens ou ameaças do paciente.	Limites: impõe um mínimo de regras e disciplina.

Fonte: Correa, 2014.

A adoção de uma postura positiva pela família propicia o restabelecimento de uma relação de confiança com o paciente, possibilitando-lhe a retomada dos papéis familiares, fortalecendo a autoestima e incentivando-o a participar de novos desafios e novas formas de caminhar.

A participação conjunta do paciente e familiares em grupos de autoajuda ou associações e projetos comunitários deve ser incentivada e considerada como ferramenta de reinserção no ambiente familiar. Na ausência de familiares, deve-se buscar uma figura de referência para o paciente, com quem ele possa estabelecer um vínculo ou retomar um relacionamento afetivo. Esta figura pode estar representada por um colega de trabalho, um chefe, um vizinho ou um amigo. Em alguns ambientes de tratamento se institui um "padrinho", que estará lado a lado do paciente por determinado tempo, a fim de manter a relação, o vinculo e o apoio ao dependente.

14.5 Aspectos profissionais

Culturalmente, o "valor" de uma pessoa ou a sua dignidade está diretamente ligado à sua capacidade de produção e trabalho. Desenvolver uma atividade formal ou informal é para o dependente químico tão importante quanto a manutenção da abstinência.

A discriminação quanto à aptidão de o paciente ser capaz de realizar um trabalho faz com que ele experimente sentimentos ambivalentes de fracasso e de sucesso. Numa situação como a atual, na qual os índices de desemprego são altos, é importante considerar que a dificuldade de inserção no mercado de trabalho não depende apenas da capacidade ou do esforço dos indivíduos. Se ele exerce atividade formal, deve-se valer de todos os recursos disponibilizados na empresa. Os serviços de Recursos Humanos e Saúde Ocupacional podem ser contatados pelo profissional, pela família ou pelo próprio paciente a fim de auxilia-lo na reinserção ao ambiente do trabalho, algumas vezes sendo necessária a mudança de turno ou de ambiente (departamento ou seção).

A revisão de função ou de atividades desenvolvidas pelo paciente dentro da empresa poderá ser necessária ou sugerida. Neste caso, o paciente deverá ser organizado para entender a nova realidade, em que a percepção sobre os riscos da função é utilizada na ponderação das razões para a determinação da mudança. Esta mudança deve ser vista pelo paciente como um passo adiante na manutenção de sua abstinência e na renovação da sua responsabilidade e seu compromisso com a retomada da condição perdida e nunca achar que o estão mudando de setor por perseguição.

Esta alteração na condição do paciente deve considerar que:

» Ele deve ser estimulado a participar em grupo de apoio na empresa e buscar o resgate dos amigos, "trocando-os" da "turma do bar ou do barato", por um novo estilo de vida, de ambiente e de amizades;

» A indicação e o incentivo para voltar aos estudos ou frequentar cursos profissionalizantes e de aprimoramento também favorecem a sua reinserção e melhoram a sua capacitação, produção e empregabilidade, especialmente num contexto de desemprego.

Para pacientes desempregados e/ou desprovidos de qualificação profissional, uma minuciosa avaliação de potencialidades, habilidades e escolaridade se faz necessária. Aliada às expectativas que o paciente tem, a avaliação vai permitir um "retrato" da sua condição e o traçado de metas atingíveis, observando que:

» Trabalhos temporários e informais, assim como a baixa remuneração, não devem ser vistos como uma derrota, mas como uma conquista ou uma etapa a ser valorizada;

» A inclusão do paciente em programas sociais de apoio poderá ser a porta de entrada para outros benefícios, como melhora da escolaridade e da qualificação profissional e o desenvolvimento da autoestima;

» Programas de voluntariado também são indicados como forma de socialização e exercício da solidariedade e da cidadania, ajudando outros na recuperação, na prevenção de recaídas e na reinserção social.

14.6 Aspectos econômicos e financeiros

É implícito que durante os anos de abuso de drogas (lícitas ou ilícitas) há perdas financeiras, e, portanto, seria simplista pensar que a reinserção social do paciente não implique a recuperação dessas perdas. O primeiro ponto neste aspecto é não recordar o que foi perdido, mas fazer tentativas de novas conquistas. É preciso levantar criteriosamente a condição do momento, pontuar as dívidas e definir uma programação para saldá-las ou, ao menos, renegociá-las, pois isso aliviará a ansiedade do paciente e o colocará diante da responsabilidade de se reorganizar e planejar o futuro. Vejamos como exemplo o que diz o oitavo passo dos Alcoólicos Anônimos: "Fizemos uma relação de todas as pessoas a quem tínhamos prejudicado e nos dispusemos a reparar os danos a elas causados" (AA, 2010). Este passo se preocupa com as relações pessoais. Primeiro, olhamos para o passado e tentamos descobrir onde erramos; então, fazemos uma enérgica tentativa de reparar os danos que tenhamos causado; e, em terceiro lugar, havendo desta forma limpado todo o erro do passado, consideramos de que modo, com o novo conhecimento de nós mesmos, poderemos desenvolver as melhores relações possíveis com todas as pessoas que conhecemos.

O uso e o destino a serem dados ao dinheiro devem orientar-se por uma escala de prioridades compatíveis com o atendimento de necessidades essenciais e o volume do recurso.

Em todo o processo de recuperação econômico-financeira, a família deverá participar conjunta e ativamente, e um aconselhamento especializado de um profissional da área financeira ou mesmo um parente que tenha um conhecimento melhor poderá favorecer e tornar o assunto mais "leve".

14.7 Aspectos comunitários

Em qualquer fase do desenvolvimento do ser humano, o reconhecimento social e a influência dos grupos de que faz parte são fundamentais para a manutenção do sentimento de inclusão e de valorização pessoal, e por esta razão é fundamental o envolvimento nos grupos de autoajuda e grupos sociais, podendo ser os grupos em igrejas, denominados células.

No período de abuso da droga o paciente sofre uma gradativa deterioração pessoal com o empobrecimento e perdas dos relacionamentos sociais. Sentimentos de rejeição, autodepreciação, insegurança, entre outros, o afastam do convívio social. A perda da família, do emprego, ou problemas com a polícia e a justiça o colocam num impasse. Com o processo de tratamento e a abstinência, o paciente se vê diante do desafio de resgatar os relacionamentos destruídos. A participação na comunidade oferece a oportunidade de ele reescrever a própria história, a começar com a reparação de possíveis danos causados a si mesmo ou a outrem. A busca de auxílio para prováveis problemas judiciais e a reaproximação de antigos amigos podem impulsioná-lo a retomar o gosto pelo lazer, pelas atividades culturais e associativas desprezadas até então.

14.8 Aspectos espirituais

Vejamos o segundo passo dos Alcoólicos Anônimos que refere: "Viemos a acreditar que um Poder Superior a nós mesmos poderia devolver-nos à sanidade" e o décimo primeiro passo "Procuramos, através da prece e da meditação, melhorar nosso contato consciente com Deus, na forma em que O concebíamos, rogando apenas o conhecimento de Sua vontade em relação a nós, e forças para realizar essa vontade". Independentemente da formação ou orientação religiosa, é importante que o paciente recupere e mantenha a crença na sua própria capacidade de realização. Neste sentido, a "fé" poderá auxiliá-lo a enxergar um horizonte de possibilidades, em que sonhos se transformam no projeto de uma nova vida.

Fique de olho!

Mesmo estando claro que o processo de reinserção social deve ocorrer simultâneo ao tratamento, é importante reforçar a necessidade dos cuidados com a saúde física e psicológica do paciente, aspectos médicos e psicológicos . O acompanhamento sistemático, considerando as características individuais do paciente, lhe dará suporte na retirada das barreiras para a recuperação e reinserção social. Outro aspecto importante a ser trabalhado é a PREVENÇÃO DE RECAÍDAS, que poderá ser estudado lendo o livro de Paulo Knapp e José Manoel Bertolote "PREVENÇÃO DE RECAÍDA - Um manual para pessoas com problemas pelo uso do álcool e de drogas" como forma de compreender a manutenção da abstinência e melhora na adaptação da reinserção social.

14.9 Observações importantes

1) A reinserção social do dependente de drogas deve ser pensada, organizada e orientada por toda a equipe. A interdisciplinaridade aumenta as possibilidades, o horizonte de opções, e permite ao paciente leituras específicas para cada nova situação que se apresente. Portanto, vale lembrar que o paciente "não tem dono".

2) O conhecimento dos recursos da comunidade é o maior aliado do profissional. A identificação, a observação e a eleição do recurso adequado aumentam as chances de o paciente ter ingresso e se beneficiar do melhor recurso. Quando nos referimos a recurso estamos falando de uma rede composta por instituições públicas e privadas, além daquelas que compõem o terceiro setor, hoje desempenhando importante função de responsabilidade social através de ONGs, pioneiras na reinserção. Conhecer pessoalmente os recursos para os quais vai direcionar o paciente pode ser o primeiro passo para o estabelecimento de uma produtiva parceria entre a instituição de tratamento e o recurso comunitário.

3) A disponibilidade do profissional para aceitar os "tropeços" no processo: avaliar claramente os próprios sentimentos e expectativas irá ajudá-lo a entender e a lidar com a possível necessidade de revisão e redirecionamento de ações.

Vamos recapitular?

Neste capítulo você estudou sobre reinserção social e as relações que a família tem junto a prevenção, os grupos de autoajuda e os diversos tipos de enfoques para a adaptação do interno ao ambiente na sua saída da internação. Conheceu sobre a abordagem cognitivo-comportamental, sobre terapia familiar, medidas preventivas após o tratamento, projeto de vida (expectativas do paciente), metas e resgate de rede social, aspectos profissionais, econômicos e financeiros, comunitários, espirituais, médicos e psicológicos.

Agora é com você!

1) Com base no que você estudou neste capítulo, se reúna com mais dois colegas e faça uma proposta para reinserção social dentro da sala de aula para ajudar um aluno que estará chegando após ter ficado internado por aproximadamente 6 meses para tratamento do uso de drogas. Utilize todas as ferramentas que aqui foram apresentadas para fazer um instrumento para adaptação desta pessoa e escreva em seu caderno.

2) Trabalhe em sala de aula com apresentações em que cada grupo vai falar sobre as suas ideias e o que tem como proposta.

3) Enquanto cada grupo apresenta, faça um resumo dos pontos positivos e negativos de cada apresentação.

4) Tendo reunido os pontos positivos e negativos de cada grupo, faça uma discussão sobre o assunto verificando possibilidades da aplicação deste trabalho na prática.

5) Relacione os 12 Passos dos Alcoólicos Anônimos com a reinserção social: onde cada um dos 12 passos pode ajudar no processo de reinserção.

15

Redução de Danos – RD

Para começar

Aprenderemos a história e o contexto atual da redução de danos, conheceremos a vulnerabilidade individual, social e programática de quem usa drogas. Estudaremos, ainda, as estratégias de redução de danos, as alternativas de saúde pública, baseadas na defesa do usuário. Veremos os principais desafios desse programa e a sustentabilidade das ações de redução de danos na comunidade e as situações de violência.

A mudança no cenário de consumo de drogas, nos processos de consolidação do SUS e no perfil epidemiológico dos agravamentos à saúde faz surgir novas responsabilidades e desafios no campo da saúde e do cuidado integral. Assim surge a necessidade da criação de novas estratégias de propiciar o acesso, de intervenções específicas para diferentes drogas e diversos contextos e ampliação para toda a rede de saúde, de forma a contribuir para o fortalecimento das ações de enfrentamento das vulnerabilidades no contexto de vida das pessoas que usam álcool e outras drogas.

Em março de 2008, o Governo Federal lançou o Plano Integrado de Redução de Danos no SUS, com o objetivo de revigorar a prática de redução de danos, como estratégia de saúde pública, na perspectiva da atenção integral e do acesso universal a ações de promoção, prevenção e proteção, assistência e tratamento, contribuindo para a redução das vulnerabilidades associadas ao uso de álcool e outras drogas.

O plano articula representantes dos setores de saúde, das políticas sobre drogas e da sociedade civil organizada, expressa o entendimento das necessidades atuais e estruturação de ações, reafirmando o compromisso de todos no cumprimento de uma agenda em que as pessoas que usam álcool e outras drogas sejam protagonistas da elevação da saúde e maior qualidade de vida.

Figura 15.1 - Programa de governo – Diminuir para Somar.

15.1 Breve histórico sobre redução de danos

A primeira iniciativa oficial da estratégia de redução de danos é registrada em 1926, na Inglaterra, com a publicação do relatório *Rolleston*. Esse documento referendava a política adotada no país, por autoridades de saúde, de prescrição de heroína para o tratamento de alguns dependentes desse opiáceo que não obtinham benefícios com possibilidades terapêuticas. É considerado um marco no campo da atenção em saúde aos usuários de drogas.

Outro marco da redução de danos, que inspirou a introdução dessa estratégia no Brasil, se refere à experiência holandesa. Em 1980, em Roterdã, é fundada a *Junkiebond* (Liga de dependentes), com finalidade de zelar pelos interesses e melhorar as condições de vida dos usuários de drogas. Em 1984, os associados à Liga, preocupados com uma epidemia de hepatite B, estabelecem em Amsterdã o primeiro Programa de Troca de Seringas – PTS no mundo, com auxílio do serviço municipal de saúde, que fornecia semanalmente as seringas descartáveis. As seringas estéreis não eram distribuídas e sim trocadas pelas usadas, seguindo a regra de "um para um".

Com o desenvolvimento de testes para detectar o HIV, observam-se altas taxas de infecção por esse vírus entre os usuários de drogas injetáveis - UDI. A partir de então, a estratégia de RD se revigora, pois as evidências demonstram a importância da troca de seringas e das ações de redução de danos para o controle da infecção.

O primeiro programa brasileiro de troca de seringas foi efetivamente implantado em 1995, na Bahia. Foi constituído por profissionais do Centro de Estudos e Terapia do Abuso de Drogas – Cetad, ligados à Faculdade de Medicina da Universidade Federal da Bahia, com apoio do governo do estado e da prefeitura de Salvador.

A partir de meados dos anos 1990, o crack se tornou a principal droga utilizada em algumas regiões do país. O uso dessa droga cria condições de vulnerabilidade similares às do uso de drogas em geral, incluindo suas associações com sexo desprotegido e contaminação de equipamentos, como o cachimbo. O ressecamento da pele e da mucosa da boca dos usuários leva à formação de feridas, o que facilita a disseminação de infecções pelo compartilhamento desses equipamentos. Em resposta a essa disposição, foram desenvolvidos projetos-piloto de prevenção ao HIV/aids e hepatites virais para usuários de crack, com educação preventiva e acesso a serviços e instituições de atenção à saúde para esses usuários, que acabaram se tornando maioria em algumas cidades brasileiras.

> **Amplie seus conhecimentos**
>
> A estratégia de "redução de danos" apresenta uma compreensão bastante ampliada sobre o uso de álcool e drogas nas sociedades atuais busca diversificar as formas de lidar com o problema. Não se pauta exclusivamente na abstinência e na prescrição de "comportamentos adequados". Usuários de drogas têm direito à saúde como qualquer pessoa. Conheça o papel da equipe de saúde da família na atenção aos usuários de álcool e drogas na Cartilha de Redução de Danos para Agentes Comunitários de Saúde no site: <http://www.vivacomunidade.org.br/wp-content/arquivos/cartilha_ACS_red_danos.pdf >.

15.2 Contexto atual

As representações sociais sobre as drogas estão, na maioria das vezes, agregadas ao medo e à ameaça, estando o contexto de vida de boa parte de pessoas que usam álcool e outras drogas fortemente marcado por preconceito, exclusão, discriminação e violência. Tem-se observado gradativamente uma mudança nos sentidos destas representações, incluindo a perspectiva dos direitos humanos a serem defendidos e uma intervenção no campo da saúde pública.

A experiência acumulada sobre redução de danos tem comprovação da sua influência na mudança de paradigmas e na importância para a redução das vulnerabilidades referentes à saúde das pessoas que usam álcool e outras drogas.

Em saúde, entender as vulnerabilidades de cada pessoa é compreender as condições que podem deixá-la em situação de fragilidade e expô-la ao adoecimento, não pelo seu comportamento de risco e, sim, pelo conjunto de aspectos de sua vida particular e coletiva, das condições socioambientais em que ela vive e, ainda, das respostas que as instituições público-sociais podem dar às suas necessidades de saúde.

Nesse sentido, o Manual para Redução de Danos do Ministério da Saúde considera que:

» Vulnerabilidade individual refere-se ao grau e à qualidade da informação que cada indivíduo dispõe sobre as doenças, capacidade de preparação das informações e aplicação das mesmas na sua vida prática.

» Vulnerabilidade social diz respeito a um conjunto de fatores sociais que definem o acesso a informações, serviços, bens culturais, as restrições ao exercício da cidadania, exposição à violência, grau de prioridade política ou de investimentos dados à saúde e condições de educação, moradia e trabalho.

» Vulnerabilidade programática: relaciona-se às ações que o poder público, a iniciativa privada e organizações da sociedade civil empreendem, ou não, no sentido de minimizar as chances de ocorrência das enfermidades, assim como se refere ao grau e à qualidade de compromisso das instituições, dos recursos, da gerência e do monitoramento dos programas nos diferentes níveis de atenção.

Nesta perspectiva, as ações de redução de danos devem considerar as especificidades de grupos populacionais, vulnerabilidades e suas estruturas socioeconômicas, organizadas de maneira que respeitem diretrizes gerais do SUS. Uma estratégia central para o êxito das ações é a articulação entre os diversos setores governamentais e da sociedade civil.

15.3 Estratégias de redução de danos

Na definição das estratégias, é importante considerar cinco princípios básicos, pressupostos e valores que estão relacionados à redução de danos (MARLATT, 1999).

» O primeiro deles coloca a redução de danos como alternativa de saúde pública, contrastando com o modelo moral/ criminal e de doença, do uso e da dependência de drogas.

» O segundo diz que a redução de danos reconhece a abstinência como um dos resultados positivos para o uso de drogas, mas aceita também outras alternativas que possuem como resultado uma redução dos danos associados ao uso.

» O terceiro princípio discute a redução de danos como uma abordagem que se iniciou de "baixo para cima", baseada na defesa do usuário, e não como política de "cima para baixo", e que é promovida pelos formuladores de políticas de drogas.

» O quarto enfatiza que a redução de danos deve promover serviços de fácil acesso e pronto acolhimento, como uma alternativa para as abordagens tradicionais de difícil acesso e distantes da realidade do usuário.

» Por último, a redução de danos tem suas bases em princípios do pragmatismo empático versus idealismo moralista.

Com isso, é possível entender que a redução de danos tem como objetivo fazer acrescentar subsídios e ações que minimizem consequências danosas do uso de drogas, levando em conta o direito à liberdade de escolha e pensando na saúde como resultado de ações conjuntas interinstitucionais, intersetoriais e interdisciplinares nos mais diversos níveis.

A redução de danos contribui para um modelo de prevenção e atuação mais democrático na área da saúde. Portanto, é necessário que o saber circule entre os usuários dos serviços, trabalhadores de saúde e a comunidade em geral.

Os diferentes conselhos, organizações, redes de interação social e os grupos de apoio, entre outros, devem estar integrados ao processo de gerenciamento e implantação de projetos, visando à efetiva participação comunitária e ao alcance das estratégias (KESSLER, 2006).

15.4 Estratégias usadas com vistas ao controle das drogas

1) Redução de oferta (repressão ao tráfico);

2) Redução da demanda (programas de prevenção primária, clínicas de tratamento);

3) Redução de danos (prevenção à saúde em detrimento do uso de drogas, sem interferir no consumo).

15.5 Principais desafios

» Conflito de paradigmas distintos

A existência de paradigmas distintos no Estado brasileiro neste campo de conhecimento é grande (redução de danos x abstinência, guerra às drogas), refletindo na ação prática de forma conflituosa, estressante e, muitas vezes, com impossibilidades de convivência.

Há a necessidade de desfazer o mito de quem é a pessoa que consome drogas, avançar no campo legislativo, divulgar esta estratégia de redução de danos como mais uma possibilidade que favorece a inclusão das pessoas que usam álcool e outras drogas e respeitar alternativas na atenção já existentes e que servem às proposições de muitas pessoas.

» Novos contextos do uso de drogas

Mudanças no consumo de drogas no país exigem estratégias específicas. Além da tendência ao uso de crack e não mais da cocaína injetável, há aumento no uso de estimulantes, como consta no II Levantamento Domiciliar sobre Uso de Drogas Psicotrópicas no Brasil. Existem poucas informações sistematizadas, algumas experiências isoladas nestes contextos que têm que ser mais bem compreendidas e ampliadas.

» Serviços de saúde

Apesar dos progressos conquistados em relação ao acesso aos serviços pelas pessoas que usam álcool e outras drogas, observam-se, na maioria dos serviços do SUS, principalmente na rede básica, dificuldades de acolhimento, abordagem e atendimento resolutivo das necessidades específicas deste segmento. Ainda é marcante a situação dos usuários que não confiam no Estado e suas questões sobre o uso de drogas; soma-se a isso o fato de os profissionais não estarem à vontade para abordar o assunto, por razões de preconceito, insegurança ou desconhecimento do tema, caracterizando uma situação de invisibilidade.

» Sustentabilidade das ações de redução de danos na comunidade

Há necessidade de sensibilização dos gestores de saúde para reconhecer o papel do redutor de danos como porta de entrada do sistema, que facilite e promova o acesso e a confiança nos serviços. Devem fazer parte das estratégias neste campo a melhoria da articulação entre governo e sociedade civil, o apoio a ações das redes organizadas integradas com os serviços, a criação de mecanismos jurídicos para contratação de redutores de danos, o apoio à capacitação e supervisão do trabalho com vistas a não precarização e nem criminalização da atividade.

» Incentivo à pesquisa

São uma constatação antiga a insignificância de informações sistematizadas na área de drogas e a necessidade de embasamento científico para nortear as políticas e ações neste campo. Há necessidade de facilitar as resistências na realização de estudos e pesquisas qualitativas para contribuir nos trabalhos.

» Situações de violência

A violência é um aspecto da ação sociopolítica que relaciona os serviços de saúde, seus custos; sua organização envolve também os profissionais muitas vezes como vítimas (alvos de atos violentos nos espaços dos serviços) ou também como protagonistas que reproduzem ou exacerbam expressões de violência. O contexto de vida das pessoas que usam álcool e outras drogas está comumente ligado a situações de violência. Dessa forma, ao definir estratégias de redução de danos é essencial considerar esta questão, observando que a violência ocorre em cada localidade de forma específica.

> Ao invés de querermos identificar ou rotular o usuário de droga, temos que OLHAR para o ser humano: entender como ele pensa, o que sente, o que deseja, o que o preocupa, quais as suas necessidades... sem pré-julgamentos, sem preconceitos, sem medo. 'De perto, talvez ninguém seja normal' por outro lado, de perto, de muito perto, talvez o diabo não seja tão feio quanto se pinta.
>
> O difícil é olhar de perto, afinal a exclusão esconde o insuportável.
>
> (Tarcísio Matos de Andrade – A pessoa do usuário de drogas intravenosas)

Fique de olho!

Acolher significa receber, dar boas-vindas e humanizar o atendimento. É um momento de reconhecimento da pessoa de forma empática, ou seja, colocando-se no lugar do outro e aceitando-a como ela é. *"A família, seja ela qual for, tenha a configuração que tiver, é, e será, o meio relacional básico para as relações no mundo."* (COSTA, 1999)

15.6 Programa de redução de danos

» Estratégias / Políticas / Medidas de Saúde Pública que visam minimizar os danos à saúde (DST/HIV-aids, hepatites e outras doença) e danos sociais decorrentes do uso/abuso de drogas lícitas e ilícitas.

» Pessoas que não querem, não conseguem, não podem parar de usar drogas.

» Respeita o contexto sociocultural.

» Construído para e por pessoas que usam drogas.

» Centrado no sujeito.

- » Promoção da saúde, cidadania e direitos humanos.
- » Prevenção x Tratamento.
- » Muitos caminhos – inclusive a abstinência.

Vamos recapitular?

Neste capítulo você estudou a história e o contexto em que está inserido atualmente o programa de redução de danos, conheceu a vulnerabilidade individual, social e programática dos usuários e dependentes de drogas. Estudou as estratégias do governo no programa de redução de danos, as alternativas de saúde pública baseadas na defesa do usuário e por fim os principais desafios deste programa e a sustentabilidade das ações de redução de danos na comunidade e as situações de violência que estão envolvidas neste contexto.

Agora é com você!

Na estratégia de redução de danos podemos considerar cinco princípios básicos, pressupostos e valores relacionados à redução de danos segundo Marlatt (1999).

Complete e responda as frases a seguir com o que você estudou no livro:

1) O primeiro princípio coloca a redução de danos como " uma alternativa de saúde pública" segundo que modelo?

2) O segundo princípio diz que "a redução de danos reconhece a abstinência como um dos resultados". Que resultado é esse?

3) O terceiro princípio discute a redução de danos como uma abordagem que surgiu de "baixo para cima", baseada em quê?

4) O quarto princípio enfatiza que a redução de danos deve promover serviços de fácil acesso e pronto acolhimento. Que serviços são esses?

5) Por último, "a redução de danos" baseia-se em quais princípios?

6) A redução de danos, que inspirou a introdução dessa estratégia no Brasil, refere-se à experiência de qual país?

7) Em que ano aconteceu?

8) Qual foi o objetivo neste período?

CAPS – Centro de Atenção Psicossocial

Para começar

Conheceremos um pouco mais detalhadamente como funciona e ocorrem os atendimentos no Centro de Atenção Psicossocial – CAPS – e como ocorre a articulação entre ele e os demais serviços. Vamos aprender que o CAPS não é o único tipo de serviço de atenção em saúde mental, os princípios da articulação entre saúde mental e atenção básica, CAPS e ESF e, por fim, as estratégias de intervenção, reuniões e as visitas domiciliares promovidas por este centro.

16.1 Introdução

Os projetos desses serviços, muitas vezes, ultrapassam a própria estrutura física, em busca de uma rede de suporte social que possa a garantir o sucesso de suas ações, preocupando-se com a pessoa, sua história, sua cultura e sua vida cotidiana.

Os CAPS – Centro de Atenção Psicossocial – dispõem de equipe multiprofissional composta por médico psiquiatra, clínico geral, psicólogos, enfermeiros, entre outros, e apesar de ter um caráter estratégico, o CAPS não é o único tipo de serviço de atenção em saúde mental. Aliás, como já foi dito antes, a atenção em saúde mental deve ser feita dentro de uma rede de cuidados, e por essa razão estudaremos os diversos tipos de CAPS existentes a fim de realizarmos um perfeito entendimento sobre o assunto.

Poderíamos dizer que todo problema de saúde é também mental, e que toda saúde mental é também produção de saúde, isto porque quando se tem uma doença sempre existe um componente emocional de sofrimento, medo ou dor associado, muitas vezes atuando como entrave à adesão a práticas preventivas ou até de intervenções clínicas. Nesse sentido, será sempre importante e necessária a articulação da saúde mental com a atenção básica.

Todos os municípios do país possuem assistência primária à saúde, que é feita nas Unidades de Saúde. Porém, nem sempre a atenção básica está preparada para atender integralmente a essa difícil realidade: doença física x sofrimento psíquico. A falta de recursos de pessoal e a falta de capacitação nesta área acabam por prejudicar o desenvolvimento de uma atuação das equipes.

Além disso, atender às pessoas com problemas de saúde mental é de fato uma tarefa muito complexa que exige do profissional não só conhecimento técnico e científico,, mas empatia, afeto e habilidade para lidar com as diversas tentativas de abordagem.

As ações de saúde mental na atenção básica devem obedecer ao modelo de redes de cuidado, de base territorial e atuação transversal com outras políticas específicas e que visem firmar vínculos e acolhimento. Essas ações devem estar fundamentadas nos princípios do SUS e nos princípios da Reforma Psiquiátrica.

16.2 Princípios da articulação entre saúde mental e atenção básica

Podemos sintetizar como princípios fundamentais desta articulação entre saúde mental e atenção básica:

1. Noção de território;
2. Organização da atenção à saúde mental em rede;
3. Intersetorialidade;
4. Foco na reabilitação psicossocial;
5. Multiprofissionalidade/interdisciplinaridade;
6. Desinstitucionalização;
7. Promoção da cidadania dos usuários;
8. Construção da autonomia possível de usuários e familiares.

Figura 16.1 - Logomarca do CAPS.

16.3 CAPS e ESF

No início da implantação dos Centros de Atenção Psicossocial, o que se pretendia era estabelecer um serviço especializado e caracterizado pela porta aberta, com base comunitária que funcionasse como regulador da rede de saúde mental de um determinado território.

Atualmente entendemos que o CAPS não deva convergir os cuidados em saúde mental, ao contrário, deve articular estratégias de cuidados no território. Isso exige compor estratégias de atenção combinadas entre atenção especializada e atenção básica.

De acordo com pesquisas recentes, no país inteiro a realidade das equipes de atenção básica revela que diariamente os problemas de "saúde mental" chegam até as unidades de Saúde: 56% das equipes de saúde da família preferem realizar "alguma ação de Saúde Mental" (BRASIL, 2003). Isto porque, por mais simples que pareça, as demandas de cuidados em saúde mental estão em todos os níveis de complexidade do Sistema Único de Saúde (SUS).

Em se tratando das equipes de saúde da família e do lugar estratégico que elas ocupam por estarem inseridas diariamente no território de certa população, há uma potencialidade sem igual "para o enfrentamento de agravos vinculados ao uso abusivo de álcool, drogas e diversas formas de sofrimento psíquico" (BRASIL, 2003), construindo o Sistema Único de Saúde e conseguindo fazer andar, em grande extensão territorial, uma série de experiências fundamentadas nas ideias do movimento antimanicomial, na prática da reabilitação psicossocial, com significativa participação e protagonismo de usuários e familiares. A atenção para a potencialidade, a eficácia e o porvir das ações de saúde mental são desenvolvidas nos Programas de Saúde da Família (LANCETTI, 2001, p. 98).

Como já falamos anteriormente, o bom resultado na abordagem das questões de saúde mental está ligado ao fortalecimento dos princípios norteadores, em especial o vínculo, a corresponsabilização e a territorialização das ações. Por isso, são tão importantes, urgentes e necessárias a construção, inclusão e consolidação de políticas e ações de saúde mental, dentro da lógica da estratégia de saúde da família, considerando o vínculo já existente entre as equipes e usuários e o conhecimento aprofundado dos serviços disponíveis em determinado território.

> **Amplie seus conhecimentos**
>
> Assista ao filme *Em Nome da Razão*, 1979, de Helvécio Ratton. O filme traz à tona, pela primeira vez em imagens cinematográficas, os horrores cometidos, em nome da razão e da ciência, no interior de um hospital psiquiátrico. O filme se desenvolve a partir das enfermarias e pátios internos, vasculha os corredores, as celas fortes, contrasta a miséria humana e a sofisticação do projeto arquitetônico do manicômio, inaugurado, com pompas e honras, em 1904. O som que se capturou foi estritamente o produzido localmente: gritos, lamúrias e relatos impressionantes acerca do cotidiano e das histórias de vida dos que ali resistiam. Acesse os links:
>
> Parte1: <http://www.youtube.com/watch?feature=player_detailpage&v=h7n9L_eGAAE>.
>
> Parte 2: <https://www.youtube.com/watch?v=4jfdicK-pJc>.

Por ser a referência especializada na saúde mental num determinado território, os CAPS têm a função especial, porém é no contexto da saúde da família que os mais diversos problemas de saúde mental afloram e por isso o olhar clínico da equipe deve ser potencializado. A locução entre a equipe do CAPS e a estratégia de saúde da família passa pela construção de vínculo e apoio matricial, produzindo uma potencialização de mão dupla para ambas as partes. Campos (2007, p. 400) afirma que o matriciamento objetiva oferecer suporte ou retaguarda especializada.

O matriciamento é descrito como um planejamento da organização dos serviços com base numa estrutura de tipo matricial, cruzando projetos e funções, e sob uma gestão participativa, na qual estão envolvidos os diversos profissionais. Nesse procedimento, prevê-se a construção de momentos relacionais nos quais se estabelece troca de saberes entre profissionais de diferentes serviços envolvidos no cuidado com a saúde dos usuários. CRIVELLARO (2012)

Quando falamos em aprimoramento da habilidade dos profissionais da saúde da família para assistir demandas da saúde mental não estamos dizendo que obrigatoriamente estes técnicos deverão desenvolver ações que estejam além das suas competências profissionais, mas se trata de investir em suas capacitações e potencialidades, permitindo ações compartilhadas e portanto mais resolutivas. Devem existir momentos de preparo, elaboração e discussão destas composições grupais e seus conteúdos e possíveis encaminhamentos posteriores com os diferentes profissionais que têm a contribuir com determinado assunto (BRAGA CAMPOS, 1992, p. 53).

É este o objetivo do trabalho do CAPS com a ESF: ter as equipes de saúde da família referenciadas para as pessoas da comunidade, cabendo às equipes dos CAPS não só a assistência àqueles usuários que diariamente frequentam o serviço, mas também a atuação contínua como apoiadores matriciais. Desta forma, a equipe do CAPS e as equipes de saúde da família compartilham alguns casos e estudam a melhor abordagem para cada um.

16.4 Estratégias de intervenção

» Reuniões

Nos encontros frequentes entre as equipes de saúde mental e saúde da família nos quais há troca de experiência e conhecimento são discutidos casos e trabalhadas as angústias e dificuldades dos profissionais da saúde da família no momento em que precisam lidar com demandas da saúde mental.

» Visitas domiciliares

As visitas domiciliares e os atendimentos em conjunto também fazem parte do trabalho territorial. Não há regras ou critérios rígidos a serem seguidos, a necessidade de realizarem visitas domiciliares é uma decisão conjunta entre ESF e CAPS, de acordo com cada situação e cada família.

Essas ações, geralmente, são realizadas quando se observam situações de maior vulnerabilidade (sofrimento psíquico intenso, conflitos familiares, auto ou heteroagressividade) ou riscos de internações psiquiátricas. Em grande parte das vezes, realiza-se a visita com um ou dois profissionais da saúde mental e um ou dois da ESF. Lembramos que a presença do agente comunitário de saúde (ACS) é essencial, pois são eles que possuem o maior vínculo com as famílias.

Um dos principais objetivos de se realizar visitas domiciliares é o fortalecimento de vínculos das equipes de saúde da família com a sua comunidade, principalmente do agente comunitário, já que é esse profissional que mais tem contato e está implicado no cuidado cotidiano com as pessoas. Quando a equipe de saúde mental acompanha a visita domiciliar, a mensagem que é passada ao usuário e seus familiares é de que todos estão comprometidos com o cuidado ofertado.

Fique de olho!

Os CAPS ad - 24 horas oferecem atendimento à população, realizam o acompanhamento clínico e a reinserção social dos usuários por intermédio de lazer, acesso ao trabalho, exercício dos direitos civis e fortalecimento dos laços familiares e comunitários. Os CAPS também atendem aos usuários em seus momentos de crise, podendo oferecer acolhimento noturno por um período curto de dias. O CAPS apoia usuários e famílias na busca de independência e responsabilidade para com seu tratamento..

Embora seja imprescindível que as equipes da ESF adquiram noções básicas de saúde mental, existe um nível mais complexo de saberes desta área que seus profissionais não têm a obrigatoriedade de conhecer. A disponibilidade da equipe de saúde mental é essencial, cabe a ela ajudar na abordagem destas questões, através de reuniões e de debates periódicos, discutindo no cotidiano do serviço alguns casos, auxiliando a avaliação de outros e recebendo aqueles que se agravam ou se complicam, colocando em prática a rede de assistência.

Vamos recapitular?

Neste capítulo você estudou a necessidade de priorizar o trabalho em redes, vinculadas aos CAPS. Estudamos as ações de saúde mental e que estas podem acontecer nos mais diversos espaços. Apesar de ter um caráter estratégico, o CAPS não é o único tipo de serviço de atenção em saúde mental e a atenção primária à saúde, bem como a estratégia de saúde da família são os grandes parceiros com quem o CAPS deve contar para continuidade do cuidado em saúde mental. Por fim você conheceu as estratégias de intervenção, reuniões e as visitas domiciliares promovidas pelo Centro de Atenção Psicossocial.

Agora é com você!

Reúna-se com mais um colega da turma para ler e discutir a Portaria n. 3088 de 23 de dezembro de 2011, disponível em:<http://brasilsus.com.br/legislacoes/gm/111276-3088.html?q=> que institui a Rede de Atenção Psicossocial para pessoas com sofrimento ou transtorno mental e com necessidades decorrentes do uso de crack, álcool e outras drogas, no âmbito do Sistema Único de Saúde, e em seguida responda as questões:

1) Quais são as diretrizes para o funcionamento da Rede de Atenção Psicossocial?

2) Descreva quais os objetivos específicos da Rede de Atenção Psicossocial.

# Como Funcionam os CAPS

17

Para começar

Aprenderemos como é o funcionamento do CAPS, quem pode ser atendido e as modalidades de atendimento. Verificaremos também os tipos de atendimento: intensivo, semi-intensivo e atendimento não intensivo, e, por fim, estudaremos as funções do CAPS e as diversidades deste tipo de assistência à saúde, bem como os equipamentos existentes.

De acordo com o Ministério da Saúde, CAPS é um serviço de saúde aberto e comunitário do Sistema Único de Saúde (SUS), local de referência para o tratamento de pessoas que sofrem com transtornos mentais, neuroses graves, psicoses e demais quadros, cuja severidade ou persistência justifiquem sua permanência num dispositivo de cuidado intensivo, comunitário, personalizado e promotor de vida, realizando acompanhamento clínico e a reinserção social dos usuários pelo acesso ao trabalho, lazer, exercício dos direitos civis e fortalecimento dos laços familiares e comunitários (BRASIL, 2004).

Na atenção psicossocial especializada, os CAPS atuam sob a perspectiva interdisciplinar, realizando atendimento às pessoas com transtornos mentais graves e persistentes e às pessoas com necessidades decorrentes do uso de crack, álcool e outras drogas, em sua área territorial, em regime de tratamento intensivo, semi-intensivo e não intensivo.

O trabalho no Centro de Atenção Psicossocial é realizado prioritariamente em espaços coletivos (assembleias de usuários, grupos, reunião diária de equipe), de forma articulada com os outros pontos de atenção da rede de saúde e das demais redes. O cuidado é desenvolvido por meio de Projeto

Terapêutico Individual, envolvendo em sua construção a equipe, o usuário e sua família.

Figura 17.1 CAPS - Atendimento aos portadores de sofrimento mental com incentivo e atendimento às atividades de artes: pintura, colagem, desenhos.

17.1 Quem pode ser atendido no CAPS

Uma vez que a atenção diária ofertada nesses serviços, seja pelas oficinas terapêuticas ou pela terapia individual e coletiva, acompanhamento medicamentoso, auxilia na recomposição da estrutura interna e social da pessoa como um todo, o CAPS é indicado para a fase de reabilitação visando à reinserção social do cidadão.

Os CAPS devem ofertar atendimento interdisciplinar na área da saúde mental e dependência de drogas a todas as pessoas que fazem parte de seu território de atuação e que possam ser beneficiadas naquele momento com o tratamento ofertado. Uma pessoa pode vir encaminhada da Unidade Básica de Saúde, do Ambulatório de Saúde Mental, do Hospital Psiquiátrico, do Hospital Geral, dos Serviços de Urgência e Emergência ou simplesmente por procura espontânea.

Nem todas as pessoas que apresentam algum transtorno mental ou necessidades decorrentes do uso, abuso ou dependência de alguma substância química terão o CAPS como melhor opção ou indicação de tratamento. Por isso é necessário avaliar caso a caso, relacionando o nível de comprometimento, capital de recuperação, histórico de tratamentos realizados, riscos eventuais entre outras variáveis para que se possa assegurar o tratamento mais indicado a cada pessoa.

É necessária uma avaliação criteriosa, caso contrário pode significar a perda da melhor oportunidade de tratamento. Por exemplo, encaminhar um usuário para internamento psiquiátrico em caráter involuntário sem antes estudar as possibilidades de abordagem na própria comunidade, através do CAPS ou do ambulatório ou mesmo da ESF, ou, da mesma forma, insistir no tratamento ambulatorial de um dependente químico que está apresentando risco para si e/ou para terceiros também põe em xeque a resolutividade do tratamento.

17.2 Modalidades de atendimento do CAPS

Basicamente os CAPS trabalham com três modalidades de atendimento: intensivo, semi-intensivo e não intensivo.

» Atendimento intensivo: é oferecido quando a pessoa se encontra com grave sofrimento psíquico em situação de crise ou dificuldades intensas no convívio social e familiar; trata-se de atendimento diário, precisando de atenção contínua. Esse atendimento pode ser domiciliar, se necessário.

» Atendimento semi-intensivo: essa modalidade é oferecida quando o sofrimento e a desestruturação psíquica da pessoa diminuíram, melhorando as possibilidades de relacionamento, mas a pessoa ainda necessita de atenção direta da equipe para se estruturar e recuperar sua autonomia.

Nessa modalidade de atendimento, o usuário pode ser atendido até 12 dias no mês. Esse atendimento pode ser domiciliar, se necessário.

» Atendimento não intensivo: essa modalidade é oferecida quando a pessoa não precisa de suporte contínuo da equipe para viver em seu território e realizar suas atividades na família e/ou no trabalho, podendo ser atendida até três dias no mês. Esse atendimento também pode ser domiciliar.

> **Amplie seus conhecimentos**
>
> Conheça o texto na íntegra (p. 16) do material sobre Saúde Mental no SUS: Os Centros de Atenção Psicossocial. Como organizar um CAPS na minha cidade, disponível no link: <http://bvsms.saude.gov.br/bvs/publicacoes/118.pdf>.

A modalidade de atendimento é definida por uma avaliação conjunta da equipe técnica do CAPS e, a partir desta avaliação, da história de vida de cada sujeito, do grau de comprometimento que apresenta no momento do ingresso no serviço e pelo potencial de adesão ao tratamento, devendo ser reavaliado periodicamente com o objetivo de acompanhar a evolução de cada caso.

Cada usuário de CAPS deve ter um prontuário com um projeto terapêutico individual, isto é, um conjunto de atendimentos que respeite a sua particularidade, que personalize o atendimento de cada pessoa na unidade e fora dela e proponha atividades durante a permanência diária no serviço, segundo suas necessidades.

17.3 Funções do CAPS

O Centro de Atenção Psicossocial - CAPS - é referência no tratamento dos transtornos mentais, neuroses graves, psicoses e demais quadros, substitutivo do modelo asilar, que visa o acompanhamento clínico e a reinserção social dos usuários pelo acesso ao trabalho, lazer, exercício dos direitos civis e fortalecimento dos laços familiares e comunitários.

Podemos resumidamente definir que, além da articulação da rede de atenção à saúde mental, são também funções do CAPS dar suporte, discutir e intervir conjuntamente; supervisionar e capacitar as unidades de atenção básica e o Programa Saúde da Família no atendimento às necessidades em saúde mental, propiciando a corresponsabilização dos casos existentes e aumentando a capacidade resolutiva de problemas de saúde mental pelas equipes locais.

Barros (2003) expõe que a construção da assistência no CAPS, bem como da rede de serviços substitutivos, deve dar oportunidade à construção de projetos de vida, que deve ir "além dos muros" desses serviços, e, para isso, faz-se necessária a formação de uma rede social, a fim de evitar novas cronificações de usuários atendidos neste serviço.

Esses equipamentos devem:

» Regular a rede de atenção à saúde mental;

» Organizar a rede de serviços de saúde mental em seu território;

» Coordenar as atividades de supervisão de unidades hospitalares psiquiátricas;

» Gerenciar os projetos terapêuticos oferecendo, com o cuidado clínico eficiente e personalizado;

» Supervisionar e capacitar as equipes de atenção básica, serviços e programas de saúde mental;

» Realizar e manter atualizado o cadastro de pacientes que utilizam medicamentos especializados;

» Promover a inserção social dos usuários através de ações intersetoriais que envolvam educação, trabalho, esporte, cultura e lazer, montando estratégias conjuntas de enfrentamento dos problemas.

Por constituírem um serviço chamado substitutivo do modelo hospitalocêntrico, os CAPS só podem funcionar em área física específica e independente de qualquer estrutura hospitalar. Podem localizar-se dentro dos limites da área física de uma unidade hospitalar geral, ou dentro do conjunto arquitetônico de instituições universitárias de saúde, porém devem ser independentes de sua estrutura física, com acesso privativo e equipe profissional própria.

Os CAPS se diferenciam pelo porte, capacidade de atendimento e usuário, organizam-se no país de acordo com o perfil populacional dos municípios brasileiros. Assim, estes serviços diferenciam-se em CAPS I, CAPS II, CAPS III, CAPS i, CAPS ad e CAPS ad III.

> **Lembre-se**
> **Hospitalocêntrico**: é baseado nos cuidados da saúde em hospitais, uma remediação com a doença já instalada, ao invés de utilizar a forma de prevenção primária (o paciente não precisaria ir ao hospital).

17.4 CAPS I

Centro de atenção psicossocial com capacidade operacional para atendimento em municípios com população acima de 20.000 habitantes, com as seguintes características: Composta por: 5 profissionais de nível superior e 4 profissionais de nível médio. Devem dar cobertura para toda clientela com transtornos mentais severos durante o dia; adultos, crianças e adolescentes e pessoas com problemas devido ao uso de álcool e outras drogas. A equipe técnica mínima para atuação no CAPS I para o atendimento de 20 (vinte) pacientes por turno, tendo como limite máximo 30 (trinta) pacientes/dia, em regime de atendimento intensivo.

17.5 CAPS II

É um centro de atenção psicossocial com capacidade operacional para atendimento em municípios com população acima de 70.000 habitantes, com as seguintes características de recursos humanos: 6 profissionais de nível superior e 6 profissionais de nível médio. A equipe técnica mínima para atuação no CAPS II para o atendimento de 30 (trinta) pacientes por turno, tendo como limite máximo 45 (quarenta e cinco) pacientes/dia, em regime intensivo.

17.6 CAPS III

Este serviço de atenção psicossocial tem a capacidade operacional para atendimento em municípios ou regiões com população acima de 200.000 habitantes. Constitui-se em serviço ambulatorial de atenção contínua, durante 24 horas diariamente, incluindo feriados e finais de semana. Oferta retaguarda clínica e acolhimento noturno a outros serviços de saúde mental, inclusive CAPS Ad. A permanência de um mesmo paciente no acolhimento noturno fica limitada a 07 (sete) dias corridos ou 10 (dez) dias intercalados em um período de 30 (trinta) dias.

Figura 17.1 - Logomarca do CAPS Álcool e Drogas.

Recursos Humanos para o CAPS III:

A equipe técnica mínima para atuação no CAPS III para o atendimento de 40 (quarenta) pacientes por turno, tendo como limite máximo 60 (sessenta) pacientes/dia, em regime intensivo deverá ser composta por: 8 profissionais de nível superior e 8 profissionais de nível médio. Para o período de acolhimento noturno, em plantões corridos de 12 horas, a equipe deve ser composta por:

» 03 (três) técnicos/auxiliares de enfermagem
» 01 (um) profissional de nível médio.

Para as 12 horas diurnas, nos sábados, domingos e feriados, a equipe deve ser composta por:

» 01 (um) profissional de nível superior
» 03 (três) técnicos/auxiliares de enfermagem
» 01 (um) profissional de nível médio

17.7 CAPSi - Centro de Atenção Psicossocial Infantil

O serviço de atenção psicossocial serve para atendimentos a crianças e adolescentes com transtornos mentais graves e persistentes ou que fazem uso de crack, álcool e outras drogas. O serviço é aberto e de caráter comunitário, indicado para municípios ou regiões com população acima de 150.000 habitantes.

Recursos Humanos para o CAPSi:

A equipe técnica mínima para atuação no CAPSi, para o atendimento de 15 (quinze) crianças e/ou adolescentes por turno, devendo ter como limite máximo 25 (vinte e cinco) pacientes/dia, será composta por: 6 profissionais de nível superior e 5 profissionais de nível médio.

17.8 CAPS ad II

O serviço de atenção psicossocial para atendimento de pacientes com transtornos decorrentes do uso e dependência de substâncias psicoativas deverá ter a capacidade operacional para atendimento em municípios ou regiões com população superior a 70.000 habitantes.

17.9 CAPS ad III

A equipe técnica mínima para atuação no CAPS ad III para atendimento de 25 (vinte e cinco) pacientes por turno, tendo como limite máximo 45 (quarenta e cinco) pacientes/dia, deverá ser composta por: 7 profissionais de nível superior e 6 profissionais de nível médio. O serviço de atenção psicossocial para atendimento de crianças e adolescentes deve considerar as normativas do Estatuto da Criança e do Adolescente em relação àquelas com necessidade de cuidados clínicos contínuos. O serviço deverá ter no máximo 12 leitos para observação e monitoramento, de funcionamento 24 horas, incluindo feriados e finais de semana; indicado para municípios ou regiões com população acima de 200 mil habitantes.

Quadro 17. 1 - Resumo sobre o atendimento dos CAPS

Atividade	Caps I	Caps II	Caps III	Caps i	Caps ad	Caps ad III
Funcionamento das 08 às 18h	X	X		X	X	
Funcionamento 24 horas			X			X
Atendimento em grupo	X	X	X	X	X	X
Atendimento individual	X	X	X	X	X	X
Oficina terapêutica	X	X	X	X	X	X
Atendimento à família	X	X	X	X	X	X
Visita e atendimento domiciliar	X	X	X	X	X	X
Atividades comunitárias	X	X	X	X	X	X
Leito para observação			X		X	X
Atendimento para desintoxicação			X		X	X
Refeição diária	X	X	X	X	X	X
Atendimento noturno			X			X

Fonte: Elaborado pelo autor.

Fique de olho!

Gradualmente, em algumas cidades, vem se abrindo o campo para que os pacientes e os familiares pensem em organizar pequenas cooperativas, para efetivar a sua inserção na comunidade, por artesanato, ou pela venda de outro produto e passem a construir alternativas contra o desemprego e o ócio, que incomoda e ajuda na cronificação. Existem dois processos biológicos: a agudização que é quando uma doença se instala e termina de forma rápida. A cronificação é justamente o oposto: ela se instala e permanece no organismo por vários anos (doença de curso lento).

Vamos recapitular?

Neste capítulo você pôde aprender sobre o papel estratégico do CAPS no processo de articulação e construção da rede local de saúde mental, as diversas modalidades de CAPS existentes no território nacional e as várias formas de atendimento ofertadas em cada uma das modalidades. Você também pôde observar de maneira sistematizada que grande parte das atividades ofertadas é comum a todas as modalidades por se tratar de pontos estratégicos no processo de reabilitação das pessoas com os transtornos.

Agora é com você!

Pesquise no livro e no *site* indicados sobre as formas de atendimento no CAPS e responda as questões a seguir: <http://bvsms.saude.gov.br/bvs/publicacoes/118.pdf>.

1) Quem pode ser atendido nos CAPS?

2) Como se faz para ser atendido nos CAPS?

3) Como é feita a distribuição de medicamentos para os usuários dos CAPS? Esta resposta você encontrará especificamente no *site*: <http://bvsms.saude.gov.br/bvs/publicacoes/118.pdf >.

18

Rede de Atenção em Saúde Mental

Para começar

Veremos os conceitos de rede de atenção à saúde mental e como esta rede é composta. São diversos equipamentos chamados pontos de atenção. São elas as Unidades Básicas de Saúde/Equipes de Saúde da Família, o Núcleo de Apoio à Saúde da Família – NASF -, Ambulatórios, Hospital-Dia, Leitos de Atenção Integral, Unidades de Acolhimento Transitório – UAT, Serviços Residenciais Terapêuticos – SRT e o Programa de Volta para Casa. Veremos cada um destes atendimentos que são ofertados, desde a atenção primária, serviços de urgência e emergência até atenção de média e alta complexidade.

Pontos de Atenção à Saúde Mental e a rede de Atenção em Saúde Mental são formados a partir da ação dos serviços de saúde em diferentes níveis de complexidade em conjunto com outros serviços de assistência à comunidade que permitem a constituição da "teia" ou "rede", que tem como objetivo a promoção dos vínculos psicossociais e a qualidade de vida dos indivíduos que possuam transtornos psíquicos, suas famílias e a comunidade. Em seguida veremos as características dos principais pontos de atenção que compõem essa rede.

18.1 Unidades Básicas de Saúde/Equipes de Saúde da Família

A Unidade Básica de Saúde – UBS – é o ponto de atenção central do sistema integrado e tem como principal função o atendimento da população em seu território, a acessibilidade, e funciona como porta de entrada e fonte de encaminhamento para outros serviços. Deve oferecer serviços essenciais, coordenação da atenção, com foco na família e na orientação comunitária.

As equipes das UBS podem prestar atendimento aos portadores de transtornos mentais, a partir de sua prática, desde que tenha supervisão dos profissionais capacitados pela equipe de saúde mental disponível na rede. A estratégia de saúde da família é uma estratégia de reorientação do modelo assistencial, realizada através da implantação de equipes multiprofissionais em unidades básicas de saúde, que são responsáveis pelas famílias de um determinado território de uma unidade.

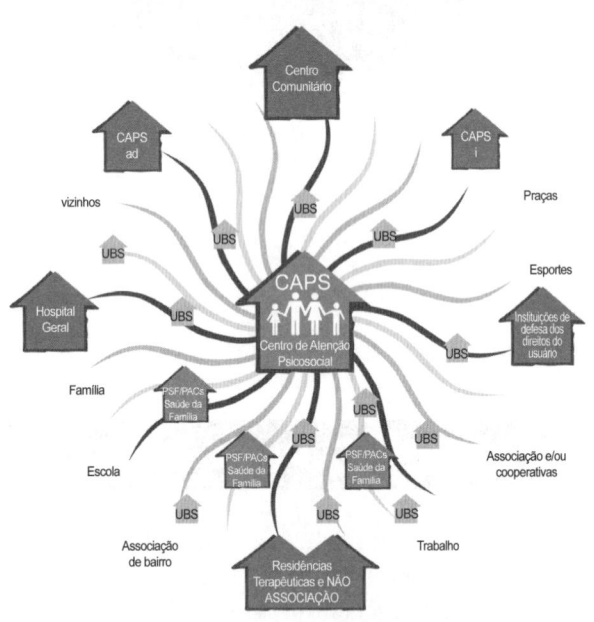

Figura 18.1 - Funcionamento da Rede de Atenção em Saúde Mental (BRASIL, 2004) e como esta rede está interligada.

As equipes atuam com ações de promoção da saúde, prevenção, recuperação, reabilitação de doenças e agravos e mais frequentes, na manutenção da saúde desta comunidade. São compostas, no mínimo, por um médico de família, um enfermeiro, um auxiliar de enfermagem e seis agentes comunitários de saúde.

A atuação das equipes de saúde ocorre principalmente nas Unidades Básicas de Saúde, nas residências e na mobilização da comunidade, caracterizando-se como porta de entrada de um sistema hierarquizado e regionalizado de saúde.

Cada serviço que compõe o SUS deve estar vinculado a uma grande rede de atenção, interligado e falando a mesma linguagem, que define todos os serviços de acordo com níveis de complexidade, e direciona as ações de cada um a determinado território de abrangência, ou seja, com área física e população delimitada, por esta razão denominamos as Unidades Básicas de Saúde como Atenção Primária e à partir desta podem ser realizados os encaminhamentos para os serviços especializados.

18.2 Núcleo de Apoio à Saúde da Família – NASF

Os Núcleos de Apoio à Saúde da Família – NASF – são unidades de matriciamento com o objetivo primordial de assegurar retaguarda e apoio especializado, com uma metodologia de trabalho complementar, para os profissionais e para as equipes que atuam junto à população. Deve oferecer também suporte técnico pedagógico a equipes, conforme as necessidades das mesmas, por meio de acompanhamento de casos, discussão clínica e construção conjunta de projetos terapêuticos individuais.

Criado pela Portaria GM 154, de 24.01.2008, constituem duas modalidades, NASF 1 e NASF 2, com as seguintes características:

NASF 1: composto por, no mínimo, 5 (cinco) profissionais de nível superior:

» Fonoaudiólogo; Médico Acupunturista; Médico Ginecologista;

» Assistente Social; Professor de Educação Física; Farmacêutico; Fisioterapeuta;

» Médico Homeopata; Médico Pediatra; Médico Psiquiatra; Nutricionista;

» Psicólogo e Terapeuta Ocupacional. Realiza atividades vinculadas a, no mínimo, 8 (oito) e no máximo, 20 (vinte) Equipes de Saúde da Família.

NASF 2: composto por, no mínimo, 03 (três) profissionais de nível superior:

- » Fonoaudiólogo; Nutricionista; Psicólogo e Terapeuta Ocupacional.
- » Assistente Social; Professor de Educação Física; Farmacêutico; Fisioterapeuta.

Realiza as atividades vinculadas a, no mínimo, 3 (três) Equipes de Saúde da Família.

18.3 Ambulatórios

Os ambulatórios de saúde mental são serviços especializados que podem funcionar interligados ou não a uma unidade básica de saúde. Tem por objetivo o tratamento, a reabilitação e reinserção social, bem como a promoção da saúde mental. Visam atingir a população em geral, realizando atendimento individual e de grupo, consulta, psicoterapia, orientação, avaliação médico-psicossocial, atendimento familiar, atividades de sala de espera, atividades educativas em saúde, oficinas terapêuticas, visitas domiciliares, atividades comunitárias e outras.

Deve contar com profissionais de várias categorias, e tem a finalidade de realizar um trabalho em equipe interdisciplinar. Como exemplo de serviços encontrados nos ambulatórios de saúde, podem-se citar terapias individuais, terapias em grupo, atividade educativa com grupos na comunidade e visita domiciliar por profissional de nível superior. O atendimento ao paciente no ambulatório é periódico, conforme necessidade do paciente e orientação do profissional, sempre com ênfase no acompanhamento familiar.

18.4 Hospital-dia

O hospital-dia é um recurso intermediário entre a internação e o ambulatório, desenvolvendo programas de atenção de cuidados intensivos, visando substituir a internação integral. O paciente participa frequentando o serviço diariamente por 8 (oito) horas diárias. Sua atuação deve estar integrada a uma rede de cuidados de saúde mental.

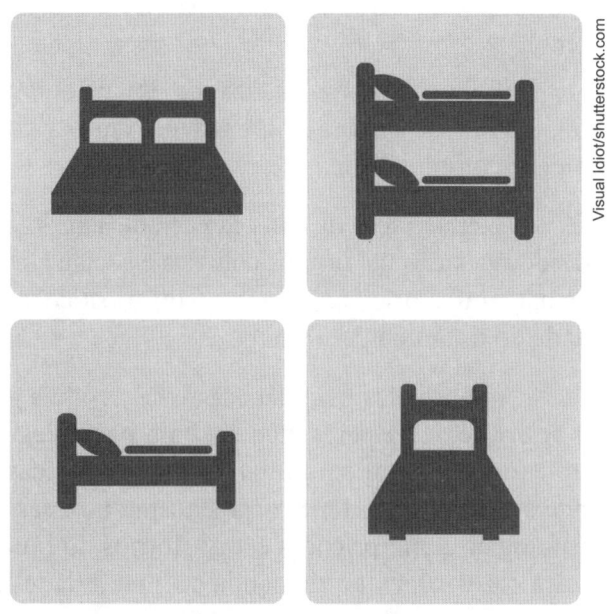

Figura 18.2 - Leitos para internação no CAPS.

18.5 Leitos de atenção integral

São todos os recursos hospitalares disponíveis e de acolhimento noturno, sendo eles: leitos em CAPS III, leitos de Psiquiatria em Hospitais Gerais ou em Hospitais Psiquiátricos.

Esses leitos devem estar articulados com outros dispositivos de referência para o paciente e ofertar o acolhimento integral ao paciente em crise. São articulados em rede, mas podem estar associados aos leitos de hospitais psiquiátricos de pequeno porte, quando existirem. Entende-se como hospital psiquiátrico aquele cuja maioria de leitos se destine ao tratamento especializado de clientela psiquiátrica em regime de internação.

> **Fique de olho!**
>
> A portaria nº 148, de 31 de janeiro de 2012, define as normas de funcionamento e habilitação do Serviço Hospitalar de Referência para atenção a pessoas com sofrimento ou transtorno mental e com necessidades de saúde decorrentes do uso de álcool, crack e outras drogas, do Componente Hospitalar da Rede de Atenção Psicossocial, e institui incentivos financeiros de investimento e de custeio e a distribuição dos leitos dentro do atendimento hospitalar. Veja a portaria na íntegra no site do Ministério da Saúde em: <http://bvsms.saude.gov.br/bvs/saudelegis/gm/2012/prt0148_31_01_2012.html>.

Os hospitais especializados em psiquiatria são destinados ao atendimento de pacientes que necessitem de cuidados intensivos, cujo tratamento não é possível ser realizado em serviços de menor complexidade.

Estes serviços devem oferecer, de acordo com a necessidade de cada paciente, atividades que vão desde avaliação médica, psicológica e social; atendimento grupal, atendimento individual até a abordagem à família orientando sobre o diagnóstico, o programa de tratamento, a alta hospitalar e a continuidade do tratamento.

As unidades psiquiátricas em hospitais gerais destinam-se a internações de pacientes agudos, *a priori* de curta permanência, para pacientes sem intercorrências, ou para pacientes portadores de transtorno mental com intercorrências clínicas ou cirúrgicas que necessitem de internação em hospitais gerais. Em determinados hospitais, essas unidades podem ser direcionadas para tratamento de patologias como psicoses e transtornos do humor, para pacientes geriátricos, para dependência química etc, conforme a demanda e as habilidades dos serviços instalados.

O hospital geral oferece um reforço de retaguarda hospitalar para os casos em que a internação se faça necessária depois de esgotadas todas as possibilidades de atendimento em serviços extra-hospitalares ou para atendimento emergencial ou de urgência.

> **Amplie seus conhecimentos**
>
> Conheça as diretrizes da rede de atenção psicossocial e como se dá a construção de serviços diferentes para as diferentes necessidades, além dos eixos estratégicos para a implantação da rede, visitando o Portal da Saúde do Sistema Único de Saúde (SUS): <http://dab.saude.gov.br/portaldab/smp_ras.php?conteudo=rede_psicossocial>
>
> Leia sobre o Decreto nº 7.508/11 do Ministério da Saúde na apostila sobre a Rede de Atenção Psicossocial, que também trata da Desinstitucionalização, Atenção Hospitalar, Atenção Residencial de Carater Transitório, Atenção de Urgência e Emergência, Reabilitação Psicossocial, dentre outros assunto importantes, que estão disponível no site: http://www.saude.pr.gov.br/arquivos/File/RAPS.pdf.

18.6 Unidades de Acolhimento Transitório – UAT

Regulamentadas pela Portaria nº 121, de 26 de janeiro de 2012, as Unidades de Acolhimento têm o principal objetivo de oferecer acolhimento voluntário e cuidados contínuos para pessoas com necessidades decorrentes do uso de crack, álcool e outras drogas, em situação de vulnerabilidade social e familiar e que demandem acompanhamento terapêutico, baseado em um projeto ou programa terapêutico individualizado desenvolvido em conjunto com Centros de Atenção Psicossocial (CAPS), em articulação com a atenção básica e com dispositivos intersetoriais (saúde, assistência social, direitos humanos, justiça, educação e outros).

18.7 Serviços Residenciais Terapêuticos – SRT

Os Serviços Residenciais Terapêuticos são moradias destinadas a cuidar dos portadores de transtornos mentais, egressos (que saíram de alta) de internações psiquiátricas de longa permanência, ou de hospitais de custódia que não possuíam suporte social e laços familiares e que viabilizassem sua inserção social.

Muitas pessoas tiveram seus vínculos sociofamiliares perdidos ou seriamente prejudicados e muitas famílias não aceitaram, em um primeiro momento, receber de volta os parentes afastados há tantos anos. Neste caso, a responsabilidade é do poder público, que deve oferecer a esses pacientes uma moradia, por isso foram criados os Serviços Residenciais Terapêuticas que fazem parte da estratégia de desinstitucionalização, conforme preconiza a legislação que institui a Reforma Psiquiátrica brasileira.

Figura 18.3 - Atendimento humanizado.

18.8 Programa de Volta para Casa

Este benefício é fornecido aos portadores de transtorno mental que estejam comprovadamente internados em hospital psiquiátrico por período ininterrupto igual ou superior a dois anos.

O Programa de Volta para Casa foi instituído por meio da Lei Federal 10.708/2003 e dispõe sobre a regulamentação do auxílio-reabilitação psicossocial a pacientes que tenham permanecido em longas internações psiquiátricas e o objetivo deste programa é contribuir efetivamente para o processo de inserção social dessas pessoas, incentivando a organização de uma rede ampla e diversificada de recursos assistenciais e de cuidados, facilitadora do convívio social, capaz de assegurar o bem-estar global e estimular o exercício pleno de seus direitos civis, políticos e de cidadania. A Lei 10.216 determina que os pacientes longamente internados ou para os quais se caracteriza a situação de grave dependência institucional, sejam objeto de política específica de alta planejada e reabilitação psicossocial assistida.

18.9 Centros de Atenção Psicossocial – CAPS

Os Centros de Atenção Psicossocial – CAPS – como já estudado em capítulos anteriores, servem como serviços ambulatoriais de atenção diária, que funcionam segundo a lógica do território. Atendem prioritariamente pacientes com transtornos mentais severos e persistentes em que o comprometimento requer monitoramento intensivo, semi-intensivo e não intensivo.

Aqui neste caso, portanto, o CAPS deve ser indicado para a fase de reabilitação visando a reinserção social do cidadão que mantém condições de convívio familiar e/ou na comunidade.

Auxilia na reorganização da estrutura interna e social da pessoa como instância dentro de contínuo tratamento.

Vamos recapitular?

Neste capítulo você estudou os conceitos de rede de atenção à saúde mental e como se constituem os equipamentos chamados pontos de atenção. Estudou sobre esta rede dividida em Unidades Básicas de Saúde/Equipes de Saúde da Família, Núcleo de Apoio à Saúde da Família, Ambulatórios, Hospital-Dia, Leitos de Atenção Integral, Unidades de Acolhimento Transitório, Serviços Residenciais Terapêuticos e o Programa de Volta para Casa.

Agora é com você!

1) Leia atentamente cada um dos quadros a seguir e no seu caderno relacione preenchendo cada um dos itens referentes ao serviço correspondente:

1	Equipes que atuam com ações de promoção da saúde, prevenção, recuperação, reabilitação de doenças e agravos mais frequentes e na manutenção da saúde desta comunidade. Recurso intermediário entre a internação e o ambulatório, desenvolvendo programas de atenção de cuidados intensivos, visando substituir a internação integral.
2	Ponto de atenção central do sistema integrado. Deve ter como principal função a acessibilidade e o atendimento da população em seu território deve oferecer serviços essenciais, coordenação da atenção, com foco na família e na orientação comunitária.
3	Serviços especializados que podem funcionar ligados ou não a uma Unidade Básica de Saúde.
4	Tem por objetivo o tratamento, a reabilitação e reinserção social, como também a promoção da saúde mental.

2) Identifique dentre as ações descritas a seguir quais competem ao CAPS ad:

Atendimento de adultos ou crianças e adolescentes com necessidades decorrentes do uso de crack, álcool e outras drogas.

Atendimento individual (medicamentoso, psicoterápico, de orientação, entre outros).

Atividades comunitárias enfocando a integração do dependente químico na comunidade e sua inserção familiar e social.

Atendimento de desintoxicação.

Acolhimento noturno nos feriados e finais de semana com no máximo 05 (cinco) leitos, para eventual repouso e/ou observação.

Permanência de um mesmo paciente no acolhimento noturno pelo tempo de 07 (sete) dias corridos ou 10 (dez) dias intercalados em um período de 30 (trinta) dias.

19

Serviços de Acolhimento

Para começar

Você conhecerá melhor as Portarias nºs 121, 130, 131 e 3.090 do Plano de Acolhimento para usuários de crack, álcool e outras drogas que devem compor a rede de cuidados de uma comunidade. Você também estudará as modalidades das unidades de acolhimento, suas características, tempo de permanência de um mesmo paciente no acolhimento noturno e a equipe mínima para atendimento de cada turno.

O acolhimento para pessoas com necessidades decorrentes do uso de crack, álcool e outras drogas (unidade de acolhimento), no componente de atenção residencial e de caráter transitório da Rede de Atenção Psicossocial, está relacionado na Portaria GM nº 121 de 25 de janeiro de 2012.

As unidades de acolhimento são serviços em unidades próprias, de caráter residencial transitório, acolhimento voluntário e cuidados contínuos para pessoas com necessidades decorrentes do uso de crack, álcool e outras drogas, em situação de vulnerabilidade social e familiar e que demandem acompanhamento terapêutico, porém afastados do convívio de sua família. Funcionam 24 horas por dia, 7 (sete) dias da semana.

Figura 19.1 - Acolhimento.

As ações a serem desenvolvidas pelas unidades de acolhimento e o tempo de permanência de cada usuário deverão estar previstos no Projeto ou Programa Terapêutico Singular. O Projeto Terapêutico Singular será formulado com a participação do Centro de Atenção Psicossocial.

Projeto Terapêutico Singular (PTS) é entendido como um conjunto de propostas e condutas terapêuticas articuladas em discussão coletiva interdisciplinar e configura-se como um dispositivo potencial para o planejamento das ações em saúde, seja na Estratégia de Saúde da Família ou no Programa de atendimento de usuários de drogas.

19.1 Modalidades das unidades de acolhimento

As unidades de acolhimento podem construir seu plano de trabalho direcionado a dois tipos de população: infantojuvenil e adulto. Podem ser de âmbito municipal ou regional, desde que atendam aos critérios estabelecidos para cada modalidade.

Vejamos os critérios no Quadro 19.1.

Quadro 19.1 - Critérios para acolhimento adulto e infantil

Unidade de Acolhimento Adulto	Unidade de Acolhimento Infantojuvenil
Referência para municípios ou regiões com população igual ou superior de 200.000 (duzentos mil) habitantes.	Referência para municípios ou regiões igual ou superior a 100.000 (cem mil) habitantes.
Destinada às pessoas maiores de 18 anos (dezoito) anos, de ambos os sexos.	Destinadas às crianças e aos adolescentes, entre 10 (dez) e 18 (dezoito) anos incompletos, de ambos os sexos
Disponibilidade de 10 (dez) a 15 (quinze) vagas.	Disponibilidade de 10 (dez) vagas.
Incentivo financeiro de custeio mensal no valor de R$ 25.000,00 (vinte e cinco mil reais).	Incentivo financeiro de custeio mensal no valor de R$ 30.000,00 (trinta mil reais).

Quadro elaborado pelo autor

19.2 Portaria GM nº 130, de 26 de janeiro de 2012

Pensando na ampliação do acolhimento noturno, a Portaria nº 130 redefine o Centro de Atenção Psicossocial de Álcool e outras Drogas 24 h (CAPS AD III), que já foi apresentada anteriormente, mas que aqui está sendo apresentada como unidade de acolhimento. Os CAPS prestam serviços ambulatoriais de atenção diária, que funcionam segundo a lógica do território, atendem prioritariamente pacientes com transtornos mentais severos e persistentes em que o comprometimento requer monitoramento intensivo, semi-intensivo e não intensivo; e devem ser indicados para a fase de reabilitação visando à reinserção social do cidadão que mantém condições de convívio familiar e/ou na comunidade.

A modalidade CAPS AD III significa um CAPS com especialização em álcool e drogas que, além de ofertar a atenção diária nos moldes dos serviços extra-hospitalares, conta com alguns leitos para acolhimento noturno dos usuários que necessitem de atenção diferenciada.

Esses leitos devem ofertar o acolhimento integral ao paciente em crise e devem estar articulados com outros dispositivos de referência para o paciente.

São articulados em rede, mas podem estar associados aos leitos de hospitais psiquiátricos de pequeno porte, quando existirem.

19.3 Características

» Poderá atender adultos, crianças e adolescentes, conjunta ou separadamente;

» Retaguarda para grupo populacional de 200 a 300 mil habitantes podendo, também, ser regional;

» Funcionamento nas 24 horas/dia e em todos os dias da semana, inclusive finais de semana e feriados;

» Pode ser de dois tipos: CAPS AD III Novo e CAPS AD III Qualificado, que é resultado da adaptação e qualificação de um CAPS tradicional preexistente;

» Incentivo financeiro para implantação: R$ 150.000,00 para a implantação de CAPS AD III Novo; e, R$ 75.000,00 para a implantação de CAPS AD III Adaptado.

19.4 Tempo de permanência de um mesmo paciente no acolhimento noturno

» 14 dias, no período de 30 dias. Caso seja necessária permanência no acolhimento noturno por período superior a 14 (catorze) dias, o usuário será encaminhado a uma unidade de acolhimento.

» Todos os CAPS Tipo II das capitais dos estados da federação serão transformados em CAPS AD III; e os demais municípios que não possuam retaguarda para acolhimento 24 horas transformarão pelo menos 1 CAPS Tipo II em CAPS AD III.

19.5 Equipe mínima para atendimento nas unidades de acolhimento

» 1 médico psiquiatra;

» 1 médico clínico;

» 1 enfermeiro com experiência e/ou formação na área de saúde mental;

» 5 profissionais de nível universitário pertencentes às seguintes categorias profissionais: psicólogo; assistente social; enfermeiro; terapeuta ocupacional; pedagogo, e educador físico.

» 4 técnicos de enfermagem;

» 4 profissionais de nível médio;

» 1 profissional de nível médio para a realização de atividades de natureza administrativa.

Para o acolhimento noturno do paciente, a equipe deve também contar com: 1 profissional de saúde de nível universitário, preferencialmente enfermeiro; 3 técnicos de enfermagem, sob supervisão do enfermeiro do serviço; e 1 profissional de nível fundamental ou médio para a realização de atividades de natureza administrativa.

Para os atendimentos ofertados aos sábados, domingos e feriados, a equipe deve ser acrescida dos seguintes profissionais: 1 enfermeiro; 3 técnicos de enfermagem, sob supervisão do enfermeiro do serviço; 1 profissional de nível fundamental ou médio para a realização de atividades de natureza administrativa.

O CAPS AD III pode ser de abrangência municipal ou regional neste caso, a equipe deve ser ampliada em: 2 profissionais de nível universitário pertencentes às seguintes categorias profissionais: psicólogo; assistente social; enfermeiro; terapeuta ocupacional; pedagogo e educador físico, além de mais 1 técnico de enfermagem.

> **Fique de olho!**
>
> Quando acontece a parceria entre CAPS e Comunidade Terapêutica?
>
> Nas discussões de casos atendidos em conjunto; nas capacitações dos profissionais das Comunidades Terapêuticas promovidas pelos CAPS; nas ações conjuntas nos casos mais complexos; nas reuniões administrativas para fortalecimento da parceria e organização de fluxos e novos procedimentos; no apoio técnico às Comunidades Terapêuticas, oferecido pelos CAPS, para questões referentes à dependência química.

19.6 Portaria nº 131, de 26 de janeiro de 2012

A rede psicossocial de atenção às pessoas com sofrimento ou transtorno mental e com necessidades decorrentes do uso de crack, álcool e outras drogas envolve não só serviços especializados em saúde mental, mas todos que desenvolvem atividades voltadas ao processo de reinserção social do dependente químico.

A portaria nº 131 institui incentivo financeiro aos estados, municípios e ao Distrito Federal para apoio ao custeio de serviços de atenção em regime residencial, incluídas as Comunidades Terapêuticas, voltados para pessoas com necessidades decorrentes do uso de álcool, crack e outras drogas, no âmbito da Rede de Atenção Psicossocial.

Figura 19.2 - Acolhimento infantil.

Para tanto, esta Portaria traz uma definição do que caracteriza um serviço de atenção em regime residencial: "Serviços de saúde de atenção residencial transitória que oferecem cuidados para adultos com necessidades clínicas estáveis decorrentes do uso de álcool, crack e outras drogas."

Como forma de apoio à assistência prestada nos serviços de atenção residencial transitória, o Ministério da Saúde definiu na Portaria nº 131/12 um valor de incentivo financeiro para custeio (R$ 15.000,00 mensais para cada módulo de 15 (quinze) vagas de atenção em regime de residência), ou seja, R$ 1.000,00 (mil reais para cada leito), que deverá ser utilizado exclusivamente para atividades que visem o cuidado em saúde para os usuários em acompanhamento nestas entidades.

Como a proposta central do plano de enfrentamento ao crack, álcool e outras drogas é de criação, implementação e fortalecimento das Redes de Atenção para as pessoas com sofrimento ou transtorno mental e com necessidades decorrentes do uso de crack, álcool e outras drogas, a Portaria define que, para cadastramento de um serviço dessa modalidade, as instituições interessadas no recebimento do incentivo deverão integrar região de saúde que conte com os seguintes componentes em sua Rede de Atenção Psicossocial:

I. Pelo menos 1 (um) Centro de Atenção Psicossocial (CAPS), preferencialmente Centro de Atenção Psicossocial de Álcool e Outras Drogas III (CAPS AD III);

II. Pelo menos 1 (uma) Unidade de Acolhimento Adulto;

III. Serviço hospitalar de referência para pessoas com sofrimento ou transtorno mental e com necessidades decorrentes do uso de álcool, crack e outras drogas;

IV. Retaguarda de atendimento de urgência (SAMU e Pronto-socorro ou Pronto-atendimento ou Unidade de Pronto-atendimento).

Uma vez que o Ministério da Saúde, através da Portaria, vem legitimar a assistência ofertada nos serviços residenciais transitórios como de interesse da saúde e, portanto, parte integrante da rede de cuidados para que um serviço possa ser habilitado, além de contar com os pontos de atenção do item anterior, também deverão dispor de uma equipe mínima de profissionais para a assistência:

a) 1 (um) coordenador profissional de saúde de nível universitário com pós-graduação *lato sensu* (mínimo de 36 horas-aula) ou experiência comprovada de, pelo menos, 4 (quatro) anos na área de cuidados com pessoas com necessidades de saúde decorrentes do uso de álcool, crack e outras drogas, presente diariamente das 7 às 19 horas, todos os dias da semana, inclusive para os finais de semana e feriados;

b) no mínimo 2 (dois) profissionais de saúde de nível médio, com experiência na área de cuidados com pessoas com necessidades de saúde decorrentes do uso de álcool, crack e outras drogas, presentes nas 24 (vinte e quatro) horas do dia e todos os dias da semana, inclusive para os finais de semana e feriados.

19.7 Portaria GM nº 3.090, de 30 de dezembro de 2011

Muitas pessoas que se encontram internadas em hospitais psiquiátricos ou hospitais de custódia há muitos anos tiveram seus vínculos sociofamiliares perdidos ou seriamente prejudicados, e muitas famílias não as aceitam de volta.

Nestes casos, é responsabilidade do poder público oferecer uma moradia segura e pertencente a uma comunidade. Por isso, foram criados os Serviços Residenciais Terapêuticos, que fazem parte da estratégia de desinstitucionalização, conforme preconiza a legislação que institui a Reforma Psiquiátrica brasileira.

Amplie seus conhecimentos

O desafio de construir de forma coletiva e permanente o Sistema Único de Saúde (SUS) deve estar sempre em sintonia e passar pelo diálogo entre o Governo Federal, entes federativos, Congresso Nacional e toda a sociedade brasileira. Para facilitar esse diálogo, o Ministério da Saúde pensou na melhor forma de disseminar a informação para orientar parlamentares e proponentes (entidades privadas sem fins lucrativos, estados, municípios e o Distrito Federal), desde a indicação da Instituição até a apresentação da proposta, confeccionando a Cartilha para Apresentação de Propostas 2012. Conheça a cartilha e as informações para propostas em: <http://www.senado.gov.br/senadores/senador/paulo-paim/Propostas_Ministerio_da_Saude.pd>.

Quadro 19.2 - Resumo das Portarias Ministeriais para as Unidades de Acolhimento

Nº da portaria	Data	Designação
121	25 de janeiro de 2012	Institui a Unidade de Acolhimento para pessoas com necessidades decorrentes do uso de crack, álcool e outras drogas (Unidade de Acolhimento), no componente de atenção residencial de caráter transitório da Rede de Atenção Psicossocial.
130	26 de janeiro de 2012	Redefine o Centro de Atenção Psicossocial de Álcool e outras Drogas 24 h (CAPS AD III) e os respectivos incentivos financeiros.
131	26 de janeiro de 2012	Institui incentivo financeiro aos estados, municípios e ao Distrito Federal para apoio ao custeio de Serviços de Atenção em Regime Residencial, incluídas as Comunidades Terapêuticas, voltados para pessoas com necessidades decorrentes do uso de álcool, crack e outras drogas, no âmbito da Rede de Atenção Psicossocial.
3.090	23 de dezembro de 2011	Altera a Portaria nº 106/GM/MS, de 11 de fevereiro de 2000, e dispõe, no âmbito da Rede de Atenção Psicossocial, sobre o repasse de recursos de incentivo de custeio e custeio mensal para implantação e/ou implementação e funcionamento dos Serviços Residenciais Terapêuticos (SRT).

Fonte: Quadro do autor

Figura 19.3 - Logo do projeto Acolher é um ato de amor.

Os Serviços Residenciais Terapêuticos (SRT) são caracterizados como um espaço de moradia que deve garantir o convívio social, a reabilitação psicossocial e o resgate da cidadania e da pessoa, promovendo os laços afetivos, a reinserção no espaço da cidade e a reconstrução das referências familiares. Eles existem para acolher pessoas com internação de longa permanência, de dois anos ou mais ininterruptos, egressas de hospitais psiquiátricos e hospitais de custódia. São unidades de moradia, inseridas na comunidade, por isso devem estar fora dos limites de unidades hospitalares gerais ou especializadas, estando vinculadas à rede pública de serviços de saúde.

Segundo a nova Portaria, os SRT são constituídos nas modalidades tipo I e tipo II definidos conforme Tabela 19.1 (Anexo I da Portaria).

Fique de olho: Preconceito - O governo e sociedade têm obrigação de enfrentar problema do crack. É MELHOR ERRAR TENTANDO, PROPONDO ALGUMA COISA, A FICAR DISCUTINDO E NÃO TER UMA MEDIDA EFICIENTE PARA TRATAR DO ASSUNTO. (João Cury - Prefeito de Botucatu sobre o enfrentamento do crack no estado).

<http://infograficos.estadao.com.br/especiais/crack/rede-publica-sem-leito-para-tanto-dependente.html>.

Tabela 19.1 - Modalidades dos Serviços de Residências Terapêuticas

SRT População	População	Nº de Moradores Mín.	Nº de Moradores Máx	Foco do Cuidado	Profissionais
Tipo I	Pessoas com transtorno mental em processo de desinstitucionalização.	04	08	Espaço de construção de autonomia para retomada da vida cotidiana e reinserção social; Acompanhamento em consonância com PTI; Processo de reabilitação psicossocial e inserção dos moradores na rede social existente (trabalho, lazer, educação, etc).	01 cuidador de referência.
Tipo II	Pessoas com transtorno mental e acentuado nível de dependência, especialmente em função do seu comprometimento físico, que necessitam de cuidados permanentes específicos.	04	10	Acompanhamento em consonância com PTI; Reapropriação do espaço residencial como moradia, na construção de habilidades para a vida diária, referentes ao autocuidado, alimentação, vestuário, higiene, formas de comunicação, etc. Aumento das condições para estabelecimento de vínculos afetivos, com consequente inserção deles na rede social existente.	05 cuidadores em regime de escala e 01 técnico de enfermagem diário para cada grupo de 10 moradores.

Fonte: Anexo I da Portaria nº 3.090/11.

Vamos recapitular?

Neste capítulo, você estudou as Portaria nos 130, 131 e 3.090, do Plano de Acolhimento para usuários de crack, álcool e outras drogas que devem compor as redes de cuidados. Você também estudou as modalidades das Unidades de Acolhimento, suas características, tempo de permanência e a equipe mínima para atendimento de cada turno.

Agora é com você!

Identifique o serviço de acolhimento a partir das características descritas abaixo e em seu caderno transcreva cada um dos serviços corretamente relacionados às perguntas.

1) Serviços de caráter residencial transitório, acolhimento voluntário e cuidados contínuos para pessoas com necessidades decorrentes do uso de crack, álcool e outras drogas, em situação de vulnerabilidade social e familiar e que demandem acompanhamento terapêutico, porém, afastados do convívio de sua família.
   a) Unidade de Acolhimento
   b) CAPS ad III
   c) Comunidade Terapêutica
   d) Hospital Geral
   e) Unidade de Isolamento

2) Serviço especializado em álcool e drogas que, além de ofertar a atenção diária nos moldes dos serviços extra-hospitalares, conta com alguns leitos para acolhimento noturno dos usuários que necessitem de atenção diferenciada.

   a) Unidade de Acolhimento
   b) CAPS ad III
   c) Comunidade Terapêutica
   d) Residência Terapêutica
   e) Associação de moradores

3) Serviços de saúde de atenção residencial transitória que oferecem cuidados para adultos com necessidades clínicas estáveis decorrentes do uso de álcool, crack e outras drogas.

   a) CAPS ad III
   b) Unidade de Acolhimento
   c) Comunidade Terapêutica
   d) Residência Terapêutica
   e) Unidade Transitória

4) Espaço de moradia que garanta o convívio social, a reabilitação psicossocial e o resgate de cidadania do sujeito, promovendo os laços afetivos, a reinserção no espaço da cidade e a reconstrução das referências familiares. Destinado a pessoas com internação de longa permanência ou egressas de hospitais psiquiátricos e hospitais de custódia.

   a) CAPS ad III
   b) Hospital Geral
   c) Comunidade Terapêutica
   d) Residência Terapêutica
   e) Abrigo Institucional

Para responder esta próxima questão você deve pesquisar a Portaria GM nº 3.088, de 2012, e após transcreva em seu caderno a resposta correta:

5) De acordo com a Portaria GM nº 3.088, de 2012, a Rede Psicossocial de Atenção à Saúde para pessoas com sofrimento ou transtorno mental e com necessidades decorrentes do uso de crack, álcool e outras drogas, quais dos serviços abaixo fazem parte do componente da Atenção Básica em Saúde?

   a) Unidade Básica de Saúde – UBS, Equipe AB para populações em situações específicas, Centro de Convivência, NASF
   b) CAPS, Unidade Básica de Saúde – UBS, NASF e ambulatórios.
   c) CAPS, Unidade Básica de Saúde – UBS, NASF, Comunidades terapêuticas.
   d) Unidade Básica de Saúde – UBS, Equipe AB para populações em situações específicas, Centro de Convivência, NASF, Hospitais.
   e) Grupo de Convivência, CAPS, Unidades de Pronto Socorro, Comunidades Terapêuticas.

20

A Família na Reabilitação

Para começar

Neste último capítulo estudaremos o papel da família no processo de recuperação do usuário de drogas, as diferentes formas de se encarar a dependência química observadas nas dinâmicas familiares e como cada uma delas contribui para o sucesso do tratamento.

Figura 20.1 - Família protetora.

20.1 Abordagem terapêutica

Cada teoria psicológica procura explicar o seu desenvolvimento relacionado à dependência química através de seu referencial teórico (BERTOLOTE, RAMOS, 1997). Há também uma determinação sociocultural, em que os fatores interpessoais, como a influência dos pares (esposa, marido, família, amigos) e o comportamento da família, também são muito importantes na determinação do padrão de uso de álcool e outras drogas (BERTOLOTE, RAMOS, 1997).

De fato, ao analisarmos a história familiar, podemos identificar, ao longo dos anos, a presença de vários mecanismos em sua dinâmica, que tem como objetivo propiciar segurança e estabilidade ao convívio diário de seus membros e garantir seu desenvolvimento saudável.

A inclusão da família no tratamento de dependentes químicos há muito tempo tem sido estudada. No entanto, não existe um consenso sobre o tipo de abordagem a ser utilizado. Sabe-se que são fundamentais a participação e o envolvimento dela no processo, dentre as várias propostas é muito importante e eficáz para a recuperação. Diz-se que não há tratamento efetivo se a família não se envolver. A literatura tem concluído que a terapia familiar e de casal produz melhor desfecho quando comparada à de famílias que não são incluídas no tratamento.

Dentro deste contexto, três modelos teóricos têm dominado a conceitualização das intervenções familiares em dependência química: o modelo da doença familiar; o sistêmico e o comportamental.

Cada profissional tem a tendência de valorizar mais um ou outro fator no curso da dependência química, e utiliza-se de diferentes ferramentas de trabalhos de psicoterapias ou técnicas de modificação de comportamento, dependendo da linha que se segue, ou, ainda, poderá investir em drogas eficazes na redução do efeito reforçador cerebral.

No entanto, considerando qualquer uma das formas de tratamento, a tarefa mais difícil e complexa é conseguir uma manutenção da mudança do comportamento inadequado, ou seja, conseguir manter-se sem ter uma recaída. Por exemplo, em relação ao uso do álcool, a maior dificuldade não está em parar de beber, mas sim em manter-se em abstinência sem ter a recaída.

> Existem trabalhos e pesquisas na área da Prevenção de Recaída e que se destinam a ajudar e manter a sobriedade e abstinência do dependente. Esta técnica promove a não recaída e é utilizada em muitos clínicas, hospitais, CAPS e Comunidades Terapêuticas (DONOVAN, 1993).

Geralmente, quando o dependente apresenta a recaída, sua família tende a marginalizá-lo e a considerá-lo como tal, quando deveria ser a primeira a mobilizar o indivíduo para a formação de uma aliança oferecendo auxílio e a busca de sua recuperação.

Deve-se ter como foco que a dependência química é um transtorno crônico e pela sua própria natureza tem grandes tendências a lapsos e recaídas e, por este motivo, é preciso enfrentá-las e aprender com elas (as recaídas). Esta é uma ferramenta que constitui um aspecto extremamente importante na recuperação (KNAPP, 1993).

Refletindo sobre a influência da família no processo de recuperação do dependente químico, levantamos a hipótese de que se a família estivesse mais presente no processo de restabelecimento, oferecendo apoio, afeto e reeducação para uma volta à convivência familiar, talvez as chances de recaídas fossem menores.

20.2 O impacto das drogas na família

O impacto que a família sofre diante do uso de drogas por um de seus familiares é correspondente às reações observadas no próprio usuário. Este impacto pode ser definido em quatro estágios pelos quais a família progressivamente passa sob a influência das drogas e álcool.

Figura 20.2 - Brigas e discussões.

No primeiro estágio prevalece a negação do fato, as pessoas deixam de falar sobre o que realmente pensam e sentem em uma tentativa de extinguir o problema. Então o usuário nega que faz uso. Nesta fase as discussões são camufladas por questões secundárias, por exemplo, ao perceber que o filho está deixando de ir à escola para consumir drogas, a família discute a possibilidade de perder o ano escolar, mas não o motivo real das faltas, embora tenha consciência deles.

Em um segundo momento, a família demonstra muita preocupação com a questão, tentando controlar o uso da droga, bem como as suas consequências físicas, emocionais, no campo do trabalho, da escola e do convívio social. Mentiras e cumplicidades relativas ao uso abusivo de álcool e drogas instauram um clima de segredo familiar em que a regra é não falar do assunto, como se ele não existisse, e mantendo a ilusão de que as drogas e álcool não estão causando problemas na família ou, então, que é possível manter o problema dentro do círculo familiar sem que as pessoas da comunidade percebam.

Na terceira fase, a desorganização da família fica ainda mais evidente. Os membros tendem a assumir a responsabilidade por atos que não são seus, e assim o dependente químico perde a oportunidade de perceber as consequências do abuso de álcool e drogas, acreditando que o problema não é dele. É comum ocorrer uma inversão de papéis e funções, como por exemplo a esposa que passa a assumir todas as responsabilidades da casa em decorrência do alcoolismo do marido, ou a filha mais velha que passa a cuidar dos irmãos em consequência do uso de drogas pela mãe.

O quarto estágio é caracterizado pela exaustão emocional, quando, então, a situação fica insustentável, levando ao afastamento entre os membros, agravando a fragmentação familiar e chegando até a discussões, brigas e agressões.

Embora esses quatro estágios definam um padrão da evolução, não se pode afirmar que em todas as famílias o processo será o mesmo. O que se sabe é que existe uma tendência dos familiares de se sentirem culpados e envergonhados por estarem nesta situação, e por isso, muitas vezes, a família demora muito para admitir o problema e procurar ajuda externa e profissional.

20.3 Atuação da família no processo de recuperação

A abordagem familiar em dependência química teve início em 1940, com a criação dos grupos de Al-Anon por parte dos Alcoólicos Anônimos. Em 1981, Wegsheider introduziu o conceito de codependência, caracterizado por uma obsessão familiar sobre o comportamento do dependente e seu bem-estar, no qual o controle do consumo alcoólico passa a ser o eixo da organização familiar e a partir da instalação desta codependência cria-se um círculo vicioso.

Ao refletir sobre o processo de recuperação do dependente químico, podemos identificar dois tipos fundamentais de atuação dos familiares:

» O primeiro tipo de família é aquela que confronta a doença de forma simbiótica, ou seja, seus integrantes estão sempre agrupados uns nas vidas dos outros, agindo sem muita discriminação entre fantasia e realidade. Desta forma, esta é a família que acaba por paternalizar a doença, tratando o dependente como um fracassado e perdendo a capacidade de diálogo e de desenvolvimento de uma relação verdadeira e produtiva.

» O segundo tipo é oposto a este, pois seus membros estão separados e nenhum deles é capaz de pensar na família como um grupo com relações de companheirismo e desenvolvimento. Esta é a família que não confronta a doença como sendo um fato presente na família, mas sim como algo direcionado apenas ao alcoólico. Sendo assim, acaba por descriminar e maltratar o doente, depositando nele todas as angústias e razões do desequilíbrio familiar.

Os dois estilos não contribuem em quase nada para o processo de recuperação do familiar do dependente químico. Isto porque, quanto mais favorável e compreensivo for o ambiente no qual dependente químico estiver inserido, maiores serão as chances de sucesso do tratamento.

Assim o estilo de família ideal e com maior chance de êxito é aquele que reconhece a existência do problema e interessa-se pela busca de uma ajuda construtiva, pois desta forma a família conseguiria manter sua autoestima preservada para caminhar para um crescimento de uma relação saudável. Esta ajuda pode ser caracterizada, por exemplo, pelo comportamento de procurar um tratamento tanto para o dependente quanto para a família, pois esta deve admitir que está sofrendo os efeitos da doença do outro.

> **Amplie seus conhecimentos**
>
> Leia os artigos sobre "A importância da família na recuperação do usuário de álcool e outras drogas", que apresenta resultados como papel muito importante da família na recuperação e tratamento dos usuários de álcool e outras drogas devido ao apoio e incentivo para que continuem o tratamento: <http://fis.edu.br/revistaenfermagem/artigos/vol02/artigo09.pdf>. <ttps://psicologia.faccat.br/moodle/pluginfile.php/197/course/section/100/fernanda.pdf>. <ttp://www.ess.ufrj.br/monografias/103124804.pdf>

20.3.1 Por que é tão difícil a recuperação do dependente químico?

A partir de uma série de pesquisas, cada qual baseada em uma linha teórica específica, hoje o entendimento entre os profissionais que atuam no tratamento da dependência química é de que a família tem papel fundamental, determinante para o curso do tratamento de um dependente químico, porém não depende da sociedade, da família ou ainda da mobilização e do acolhimento nos serviços especializados. O primeiro passo para se libertar das drogas é realmente desejar parar com o uso.

Figura 20.3 - Agressões em família.

Em seguida à abstinência, deve-se mudar a forma de viver, ou seja, o estilo de vida, readaptando-se à vida sem o uso de qualquer substância alteradora de humor. A mente do dependente químico está condicionada ao uso de drogas, portanto há necessidade de reestruturar uma nova rotina de vida, por um período mínimo de dois anos.

No geral, a recuperação requer:

1. Informações corretas sobre a dependência química;

2. Conscientização permanente sobre o problema;

3. Habilidades para poder vencer as fissuras em quaisquer situações, de risco ou não;

4. Vínculo permanente a um programa de recuperação e de manutenção da abstinência.

Sem mudanças não há recuperação. É preciso mudar hábitos, modo de pensar e agir, colocar disciplina na rotina diária, obedecendo a horários para comer, dormir, levantar e fazer as tarefas, evitar colocar-se em situações de risco: velhos companheiros de uso, velhos caminhos, velhas rotinas, velho pensar etc.

Fique de olho!

Os grupos de apoio a familiares de dependentes químicos, como Amor Exigente, Al-Anom e Nar-Anon, ajudam no processo de fortalecimento. Grupos familiares se tornam base para as pessoas que os procuram, geralmente fragilizadas e entristecidas. O programa não faz o familiar parar de beber, mas é um programa que fortalece e ajuda a entender o processo a fim de não nos tornarmos co-dependentes. Leia os depoimentos de familiares em:<http://www.uniad.org.br/desenvolvimento/index.php/blogs/dependencia-quimica/18915-recuperacao-de-usuarios-de-drogas-e-eficiente-com-familias-fortalecidas>.

Vamos recapitular?

Neste capítulo, você estudou o papel da família no processo de recuperação do dependente químico. Pôde aprender sobre as diferentes formas de se encarar a dependência química observadas na dinâmica das famílias e que, quanto mais favorável e compreensivo for o ambiente no qual o dependente químico estiver inserido, maiores serão as chances de sucesso do tratamento.

Agora é com você!

Transcreva em seu caderno as alternativas corretas em relação à família.

1) Considerando a importância da família no processo de recuperação da dependência química, qual o estilo ideal?

   a) Aquele que encara a doença de forma simbiótica, ou seja, seus integrantes estão sempre agrupados uns nas vidas dos outros, agindo sem muita discriminação entre fantasia e realidade.

   b) Os membros estão separados e nenhum deles é capaz de pensar na família como um grupo com relações de companheirismo e desenvolvimento.

   c) Reconhece a existência do problema e interessa-se pela busca de uma ajuda construtiva, pois desta forma a família conseguiria manter sua autoestima preservada para caminhar para o crescimento de uma relação saudável.

   d) Não importa o estilo, basta que a família seja informada do tratamento.

2) Por que é tão difícil a recuperação do dependente químico?

   a) Porque a dependência química é um caminho sem volta.

   b) Porque nem sempre a família está disposta a ajudar.

   c) Porque o dependente químico nunca quer parar de verdade, portanto não acredita no tratamento.

   d) Porque a mente do dependente químico está condicionada para o uso de drogas, portanto, há necessidade de reestruturar uma nova rotina de vida.

   e) Todas as alternativas anteriores estão corretas.

6) Reúna-se em grupos de três alunos para leitura e discussão do texto sobre a participação da família no tratamento dos usuários do centro de atenção psicossocial de álcool e outras drogas, localizado em: <http://periodicos.ufes.br/RBPS/article/viewFile/5120/3846>.

   Diante das perguntas acerca das dificuldades enfrentadas na convivência familiar com o parente alcoolista, as respostas foram semelhantes, embora expresse diferentes dificuldades, como evidenciado no exemplo a seguir:

   > O pior de tudo que eu acho é a vergonha. A gente vive esperando o próximo mico que vai passar. Meus filhos vivem com vergonha dos vizinhos. Na escola, dele aparecer 'bebo' pros amigos [...]. E também as brigas, direto. Meu menino já bateu nele, quando ele 'tava' 'bebo'. A maioria das noites é um inferno só [...] Minha filha nem sei por onde começar [...].

   a) O que essas dificuldades demonstram?

   b) O que os familiares alegam nas reuniões no Caps AD? Cite pelo menos um depoimento.

   c) Por último, faça um resumo da conclusão e discuta em sala de aula, grupo a grupo.

Bibliografia

AL-HABAZZ. A. H. M. **Frases de Malcolm X**. Disponível em: <http://kdfrases.com/frase/130376>. Acesso em: 15 set. 2013.

ALMEIDA, J. F. PINTO, J. M. **A investigação nas Ciências Sociais**. Lisboa: Editorial Presença, 1995.

AMARANTE, P. **Psiquiatria Social e Reforma Psiquiátrica**. Rio de Janeiro: Fiocruz, 1994.

ANDRADE, O, M. **Os tóxicos**. Rio de Janeiro: Bloch, 1971.

ARATANGY. L.R. **Doces venenos - conversas e desconversas sobre drogas**: 8. ed. São Paulo: Olho d'Água, 1991.

BACERRA, M, R. **Trabajo social em drogadicción**. Buenos Aires: ECRO, 1978.

BALANDIER, G. **O contorno: Poder e modernidade**. Rio de Janeiro: Bertrand Brasil, 1997.

BALLONE, G. J; ORTOLANI, I. V., PEREIRA NETO, E. **Da emoção à eesão**. 2. ed. São Paulo: Manole, 2007.

BARBARIN,G. **O livro da doce morte**. São Paulo: Paulus, 1997.

BARLOW, D. H; DURAND, V. M. **Psicopatologia**. 4. ed. São Paulo: Cengage, 2008.

BARGER, P. L. & LUCKMANN, T. **A construção social da realidade**. 18. ed. Petrópolis: Vozes, 2010.

BATALHA, E. Cigarro sempre é hora de parar. **Revista de Comunicação e Saúde**. (RADIS), Rio de Janeiro 131: agosto 2013.

BAU, C. H. D. et al. Heterogeneity in early onset alcoholism suggests a third group of alcoholics. **Alcohol** 23 p. 9-13, 2001.

BAUDRILLAR, D. J. **A troca simbólica e a morte**. São Paulo: Loyola, 1996.

BEATTIE, M. **Vencer a codependência**: Como deixar de controlar os outros e começar a cuidar de si. São Paulo: Sinais de Fogo Publicações, 2005.

_____. **Co-dependência nunca mais**. São Paulo: Record, 2012.

BERED, F. et al. Marcadores moleculares e sua aplicação no melhoramento genético. **Ciência Rural**. Santa Maria. V.27 (3) pp513-520: 1997.

BERGER, P. **O dossel sagrado**: elementos para uma teoria sociológica da religião. São Paulo: Paulus, 1985.

BÍBLIA, **Bíblia sagrada**. Trad. por João Ferreira de Almeida. Revista e corrigida. 4. ed., 2011.

BOCK, A.M.B.; FURTADO, O.; TEIXEIRA, M. de L. **Psicologias**. 14. ed. São Paulo: Saraiva, 2012.

_____. Ana Mercês Bahia; FURTADO, Odair; TEIXEIRA, Maria de Lourdes Trassi.

Psicologias: uma introdução ao estudo de psicologia. São Paulo: Saraiva, 2008.

BOWLBY, J. **Apego e perda**. Vol. I. São Paulo: Martins Fontes, 2010.

BRASIL. Presidência da República. Secretaria Nacional de Políticas sobre Drogas. **Relatório Brasileiro sobre Drogas**. Secretaria Nacional de Políticas sobre Drogas; IME USP; organizadores Paulina do Carmo Arruda Vieira Duarte, Vladimir de Andrade Stempliuk e Lúcia Pereira Barroso. Brasília: Senad, 2009.

_____. Presidência da República. Secretaria Nacional de Políticas sobre Drogas. **I Levantamento Nacional sobre o Uso de Álcool, Tabaco e Outras Drogas entre Universitários das 27 Capitais**

Brasileiras. Secretaria Nacional de Políticas sobre Drogas; GREA/IPQ-HC/FMUSP; organizadores Arthur Guerra de Andrade, Paulina do Carmo Arruda Vieira Duarte, Lúcio Garcia de Oliveira. Brasília: Senad, 2010.

BULFINCH, T. **O livro de ouro da mitologia**: histórias de deuses e heróis. 8. ed. Rio de Janeiro: Ediouro, 2000.

CAMPBELL, J. **O poder do mito**. São Paulo: Palas Athena, 1990.

_____. **Para viver os mitos**. 8.ed. São Paulo: Cultrix, 2001.

CARLINI et. al. **Medicamentos drogas e saúde**. São Paulo: Hucitec, 1993.

CARLINI-CONTRIM, B. Potencialidades da técnica qualitativa grupo focal em investigações sobre abuso de substâncias. Departamento de Psicologia da Universidade Federal de São Paulo. **Rev. Saúde Pública**, v. 30(3,) p. 285-93, 1996.

_____. et al. **A mídia na fabricação de pânico de drogas**: um estudo no Brasil. **Comunicação e Política**, (1-2):, p. 217-230, 1991.

CARLINI-MARLATT, B. A população é jovem e o país é quente: estimativas de consumo de álcool e tabaco no Brasil pelos dados das indústrias produtoras. **Jornal Brasileiro de Dependências Químicas** 2(1), 2001.

CARLINI, E. A. e tal. **I Levantamento domiciliar sobre o uso de drogas psicotrópicas no Brasil: Estudo envolvendo as 107 maiores cidades do país**. São Paulo: Cebrid/Unifesp, 2001-2002.

_____. GALDURÓZ, J. C. F.; NOTO, A. R.; FONSECA, A. M.; CARLINI, C. M.; OLIVEIRA, L. G.; NAPPO S. A.; MOURA, Y. G.; SANCHEZ, Z. V. M. **II levantamento domiciliar sobre o uso de drogas psicotrópicas no Brasil**: estudo envolvendo as 108 maiores cidades do país – 2005. São Paulo: CEBRID – Centro Brasileiro de Informações sobre Drogas Psicotrópicas, Departamento de Psicobiologia, UNIFESP – Universidade Federal de São Paulo, 2007.

_____. Conselho Regional de Psicologia da 6ª Região (org). **Álcool e outras drogas**./ Conselho Regional de Psicologia da 6ª Região. São Paulo: CRPSP: 2011.

CARVALHO, P. **A didática dos tóxicos**. Curitiba: O formigueiro, 1977.

CEBRID. Centro Brasileiro de Informações sobre Drogas e Psicotrópicos – **I Levantamento Nacional sobre o uso de Álcool, tabaco e outras drogas entre Universitários das 27 capitais brasileiras**. Departamento de Psicologia. São Paulo: Unifesp, 2005.

_____. Centro Brasileiro de Informações sobre Drogas e Psicotrópicos Departamento de Psicologia. São Paulo: Unifesp, 2004.

_____. **Terceiro levantamento sobre o uso de drogas entre adolescentes de 1º e 2º graus da rede estadual em dez capitais brasileiras** (Belém, Belo Horizonte, Brasília, Curitiba, Porto Alegre, Recife, Rio de Janeiro, Salvador e São Paulo). São Paulo, 1996.

_____. **VI levantamento nacional sobre o consumo de drogas psicotrópicas entre estudantes do ensino fundamental e médio das redes pública e privada de ensino nas 27 capitais brasileiras – 2010**/ E. A. Carlini (supervisão) [et al.], – São Paulo: CEBRID – Centro Brasileiro de Informações sobre Drogas Psicotrópicas: UNIFESP – Universidade Federal de São Paulo 2010. Senad - Secretaria Nacional de Políticas sobre Drogas, Brasília – Senad, 2010.

CORRÊA, R. G.; STEFANELLI, M. C. Construindo uma estratégia de ajuda para a recuperação de usuários de drogas . **Texto & Contexto**. Enfermagem, Florianópolis, v. 9 (2): p. 459-469, 2000.

_____. Visualizando Possibilidades de recuperação de Usuários de drogas em grupos Focais. Dissertação de Mestrado – Universidade Federal do Paraná – Polo Universidade Federal de Santa Catarina. Curitiba, Paraná, 2000.

_____. Tese de Doutorado. **Recuperação de dependentes de drogas**: ressignificado por meio da espiritualidade em Comunidades Terapêuticas. Universidade de La Empresa, Montevideu, 2014.

_____. Projeto Político do Curso Técnico em Reabilitação de Dependentes Químicos do IFPR - Instituto Federal do Paraná - EaD - Educação à Distância. Elaborado pelo autor. IFPR. 2011. rubens.correa@ifpr.edu.br

CURY, A. **Superando o cárcere da emoção**. São Paulo: Planeta, 2006.

CYRULNIK, B. **La maravilla del dolor**: el sentido de la resiliencia. Buenos Aires: Granica, 2006.

DALGALARRONDO, P. Relações entre duas dimensões da vida: saúde mental e religião. **Re. Bras. Psiquiatria**. 28(3):177-8 set. 2006.

_____. et al. Jovens pentecostais e espíritas em comparação a católicos: uso de álcool e drogas e saúde mental. **Jornal Brasileiro de Psiquiatria**, 54 (3) ,p. 182-190, 2005.

_____. SOLDERA M.A.; CORREA FILHO, H.R.; SILVA, C.A.M. – Religião e uso de drogas por adolescentes. **Revista Brasileira de Psiquiatria**, 26(2), p. 82-90, 2004.

DaMATTA, R. **Relativizando** : Introdução à antropologia social. 5.ed. Rio de Janeiro: Rocco, 1997.

_____. **O que faz o Brasil, Brasil?** Rio de Janeiro: Rocco, 2001.

DAVID S. H. **Psicologia dos transtornos mentais**. 2.ed. Porto Alegre: Artmed, 2001.

DAY, E.; WILKES, S.; COPELLO, A. – Spirituality and clinical care: Spirituality is not everyone's cup of tea for treating addiction. **British Medical Journal.** 326(7394): 881: 2003.

DE LEON, G. **A Comunidade Terapêutica**: teoria, modelo e método. São Paulo: Loyola, 2003.

DELUMEAU, J. **A história do medo no ocidente**. Rio de Janeiro: Campo das Letras, 1989.

_____. Os agentes de Satã: a mulher. In:_____. **A história do medo no Ocidente 1300-1800**: uma cidade sitiada. São Paulo: Companhia das Letras, 1993.

DIEHL. A et al. **Dependência química**: prevenção. Tratamento e políticas públicas. Porto Alegre: Artmed, 2011.

DONAVAN, D. M. **Prevenção da recaída**. Porto Alegre: Artmed, 1993.

DURHAM, E.R. **Malinowski**: antropologia. São Paulo: Ática, 1998.

DURKHEIM, E. **As regras do método sociológico**. São Paulo: Nacional, 1980.

EDWARDS G,. & ARIF, A. **Educação preventiva contra as drogas** – um estudo da Unesco. Correio da Unesco. Rio de Janeiro: Fundação Getulio Vargas, v. 10(3), p. 2-11, mar. 1982.

ELIADE, M. **O mito do eterno retorno**. Rio de Janeiro: Perspectivas do Homem, 1969.

_____. **Mito e realidade**. São Paulo: Perspectiva, 1994.

_____. **Imagens e símbolos**. São Paulo: Martins Fontes, 1991.

EMEDIATO, L. F. **Geração abandonada**. 7 ed. São Paulo: EMW, 1984.

ESCOHOTADO, A. **Historia de las drogas**. Madrid: Alianza Editorial, vols. 1 e 2, 1998.

FARIA, J.B.; SEIDL, E.M.F. – Religiosidade e enfrentamento em contextos de saúde e doença: revisão de literatura. **Psicologia: reflexão e crítica**, 2005.

FEBRACT. **Drogas e álcool** - Prevenção e Tratamento. São Paulo: Komedi, 2001.

FERREIRA, M. de M. *et al.* **Entrevistas**: abordagens e usos da história oral. Rio de Janeiro: Fundação Getulio Vargas, 2009.

FERRARINI, E. **Tóxico e alcoolismo** - o que devem saber pais, professores e jovens. Rio de Janeiro: Auto, 1982.

FRANKL, V.E. **Em busca do sentido**. Petrópolis: Vozes, 2008.

FREUD, S. Prefácio à juventude desorientada. *In*: **Obras psicológicas completas de Sigmund Freud**. v.19. Rio de Janeiro: Imago, 1976.

_____. **Totem e tabu**. São Paulo: Companhia das Letras, 2013.

GADELHA, P. Aprovação do PL7663 sobre a questão das drogas seria uma aberração. **Revista RADIS**, n.129, p. 19-21, 2013.

GALDURÓZ, J.C. F e al. **V Levantamento nacional sobre o consumo de drogas psicotrópicas entre estudantes do ensino fundamental e médio da rede pública de ensino nas 27 capitais brasileiras.** Cebrid: Unifesp, 2004.

_____. NOTO, A. R., NAPPO, S. A., CARLINI, E. A. **I levantamento domiciliar sobre o uso de drogas no Brasil**. São Paulo: Centro Brasileiro de Informações sobre Drogas Psicotrópicas (Cebrid) – Universidade Federal de São Paulo & Fundação de Amparo à Pesquisa do Estado de São Paulo (FAPESP), 2002.

_____. **Prevenção ao uso indevido de drogas**: Capacitação para conselheiros e lideranças comunitárias. 4. ed. Brasília: Ministério da Justiça. Secretaria Nacional de Políticas sobre Drogas. SENAD, 2011.

_____. et al. Visão histórica sobre o uso de drogas: passado e presente. **Jornal Brasileiro de Psiquiatria**. Rio de Janeiro e São Paulo, v. 45(4), p. 227-236, abr. 1996.

GALLO, F. P. **Drogas, entorpecentes e narcóticos**. Rio de Janeiro: GM Brasil, 1984.

GARCIA-ROZA, L. A. **Introdução à metapsicologia freudiana**. 3.ed. Rio de Janeiro: Jorge Zahar, 2008.

GEERTZ, C. O senso comum como um sistema cultural. In: **O saber local**. Petrópolis: Vozes, 1997.

_____. **A interpretação das culturas**. Rio de Janeiro: Zahar, 2008.

_____. **O saber local**. 3. ed. Petrópolis: Vozes, 2000.

GENNARO, G. Contracultura da droga. **O Correio da Unesco**. Rio de Janeiro: Fundação Getulio Vargas, v.15,(9): p. 4-13, set. 1987.

GIDDENS, A. **Para além da esquerda e da direita**: o futuro da política radical., (trad.) Álvaro Hattnher. São Paulo: Editora da Unesp, 1996.

GREENE, L. SHARMAN-BURKE. **Uma viagem através dos mitos**: O significado dos mitos como um guia para a vida. Rio de Janeiro: Jorge Zahar, 2001.

GRÜNSPUN, H. **Os direitos dos menores**. Porto Alegre: Artmed, 1985.

GUARESCHI, P.A. JOVCHELOVITCH (orgs.) **Textos em representações sociais**. 4. ed. Petrópolis: Vozes, 1996.

GUILLÉN, D. G. et al. **História dos medicamentos**. Rio de Janeiro: Glaxo do Brasil, 1987.

GWERCMAN, S. Evangélicos. **Super Interessante**. São Paulo: Editora Abril. Edição fevereiro de 2004, p. 52-61.

HOCH, L. C. & ROCCA, S. M. **Sofrimento, resiliência e fé** — Implicações para as relações de cuidado. São Paulo, Sinodal, 2007.

HORWITZ, A. V. & WAKEFIELD, J. C. **A tristeza perdida**: Como a psiquiatria transformou a depressão em moda. São Paulo: Summus, 2010.

IBGE: Instituto Brasileiro de Geografia e Estatística. **Anuário Estatístico do Brasil.** Fundação Instituto Brasileiro de Geografia e Estatística. Curitiba, 2010-2012.

JUNG, C. G. **O homem e seus símbolos**. Edição especial. 15. ed. Rio de Janeiro, 1964.

KALINA, E. **Drogadição hoje**. Porto Alegre: Artes Médicas, 1999.

KAPLAN, H.; SADOCK, B.; GREEB, J. Ciências do comportamento e psiquiatria clinica. In: **Compêndio de psiquiatria**: 6.ed. Porto Alegre. Artmed, 1997.

_____. **Compêndio de psiquiatria**: Ciências do comportamento e psiquiatria clínica. Porto Alegre: Artes Médicas, 2003.

_____. **Compêndio de psiquiatria**. 9. ed. Porto Alegre: Artmed, 2007.

_____. Ciência do comportamento e psiquiatria clinica. In: **Compêndio de psiquiatria**. 7.ed. Porto Alegre. Artmed, 2002.

KARNIOL, I, G,. Algumas considerações sobre o uso não médico das drogas psicotrópicas. In: **Padrões de saúde** - a farmacodependência em seus múltiplos aspecto. São Paulo: Secretaria do Estado da Educação, p. 43-37, 1981.

KENNETH, S. K. Paranoia na nosografia. **Revista Latinoamericana de Psicopatologia Fundamental.** v. 4 (3): p182-184, set. 2001.

LEAL, C.B. **A delinquência juvenil**: seus fatores exógenos e prevenção. Rio de Janeiro: AIDE, 1983.

LEON, G. **A comunidade terapêutica (teoria, modelo e método)**. São Paulo: Loyol, p. 32, 2003.

LEPARGNEUR, H. **Destino e identidade**. Campinas: Papirus, 1990.

LEVEQUE, P. Os indo-europeus e os semitas. In: As Primeiras Civilizações - vol. III Lisboa-Portugal: Edições 70. 168 p., 1990.

LÉVI-STRAUSS, C. (1964). **O Cru e o Cozido (Mitológicas I)**. São Paulo: Brasiliense, 1991.

MACRAE, E. **Antropologia**: aspectos sociais, culturais e ritualísticos. Atheneu, São Paulo, 2000.

MALBERGIE,A. & OLIVEIRA JR. H.P. **Dependência de tabaco e comorbidade psiquiátrica**. Ver. Psiq. Clin. V.32 (5) set./out. São Paulo, 2005.

MANNONI, M. **O nomeável e o inominável**. Rio de Janeiro: Zahar, 2000.

MARINO JR. R. **A religião do cérebro**. A nova descoberta da neurociência a respeito da fé humana. São Paulo: Gente, 2005.

MARTINY, M. **Hippocrate et la médicine**. Paris: Artheme Fayard, 1964.

MARX, K. **Crítica da Filosofia do Direito de Hegel**. São Paulo: Boitempo Editorial, 168 p., 2005.

MAXWELL, J., **Comunidade Terapêutica**. Petrópolis: Vozes, 1972.

MEDEIROS, E. B. Por que tanta gente faz uso indevido de drogas? **Folheto** 1 Rio de Janeiro, p. 12, 1986.

MIGUEL, J.R. **Manual Diagnóstico e Estatístico de Transtornos Mentais.**Texto Revisado. 4. ed. Texto revisado – DSM – IV-TR. Porto Alegre: Artmed, 2001.

MIGUEL, J.R. **Manual Diagnóstico e Estatístico de Transtornos Mentais.** 4. ed. Texto Revisado – DSM – IV-TR. Porto Alegre: Artmed, 2003.

MINAYO, M.C. S. **O desafio do conhecimento.** Pesquisa qualitativa em saúde. Rio de Janeiro, São Paulo: Hucitec-Abrasco,1992.

_____. **O desafio do conhecimento**: pesquisa qualitativa em saúde. 4ª ed. São Paulo (SP): Hucitec-Abrasco, 1996.

MIRA Y LOPES. **Quatro gigantes da alma.** 13. ed. Rio de Janeiro: José Olympio, 2000.

MIRA Y LOPEZ, Emilio. **Quatro gigantes da alma.** 24 ed. Rio de Janeiro: José Olympio, 2005.

MONTENEGRO, A. T. **A história oral e a memória.** 3.ed. São Paulo: Contexto, 1996.

MOREIRA, M, J, F. **O grito dos drogados Campinas:** Lemos, 1994.

MORIN, E. **O paradigma perdido.** Hermano Neves (Trad.) 5.ed. Europa America: Portugal, 1973.

_____. **O método II**: A vida da vida. Maria Gabriela de Bragança (Trad.) 2.ed. Europa-America: Portugal, 1986.

_____. **O método III**: O conhecimento do conhecimento. Maria Gabriela de Bragança (Trad.) Europa – América: Portugal, 1987.

NOTO, R.; CARLINI, E. A. Reabilitação a dependentes químicos. **Jornal brasileiro de psiquiatria** v. 44(6), p. 287-302, jun. 1995.

NOTO, A. R, Galduróz JCF, Nappo AS, Fonseca AM, Carlini CMA, Moura YG, Carlini EA. **V Levantamento Nacional sobre o Consumo de Drogas Psicotrópicas entre Estudantes do Ensino Fundamental e Médio da Rede Pública de Ensino nas 17 Capitais Brasileiras**. São Paulo: Centro Brasileiro de Informações sobre Drogas Psicotrópicas (CEBRID) e Secretaria Nacional Antidrogas (SENAD), 2003.

NOVAES, R. (). **Os jovens sem religião**: Ventos secularizantes, espírito de época e novos sincretismos. Notas preliminares. Estudos avançados 18, 52, p. 321-330, 2004.

OMS. **Problemas del uso extramédico de drogas.** Separata. Genebra.OMS, 1975.

_____. **Classificação Internacional de Doenças.** São Paulo, Ministério da Saúde, 1978.

_____. **Recomendações da nona conferência de revisão**, adotada pela XX Assembleia de Saúde, 1975.

_____. Organização das Nações Unidas. **Comissão de Estupefacientes.** São Paulo: Imesc. 1 : 18, jul./set. 1999.

OPS & CICAD. **La dependência de las drogas y su tratamiento – guia y criterios básicos para el deserollo de programas de avaluación de la calidad y normas para la atención de la dependencia de drogas.** Washington. Estados Unidos, 2000.

ORGANIZAÇÃO PAN-AMERICANA DA SAÚDE/ORGANIZAÇÃO MUNDIAL DA SAÚDE (OPS/OMS). **Condições de Saúde nas Américas.** Edição 1994. Washington, D.C., 1994.

ORO, A.P. STEIL. C. A. **Globalização e religião.** 3.ed. Petrópolis. Vozes, 2000.

PALMER, M. Freud e Jung: **Sobre a religião.** São Paulo: Loyola, 2001.

PANZINI, R.G.; BANDEIRA, D.R. **Rev. Psiquiátrica Clínica.** 34, supl 1; p. 126-135, 2007.

PARANAGUÁ, G. F. **Religião uma bandeira para o inferno**. Revisada. Ed. ide. Londrina, 2007.

PATAI, R. **O mito e o homem moderno**. São Paulo: Cultrix, 1982.

PATAI, Raphael. **O Mito e o Homem Moderno**. São Paulo: Cultrix, 1972.

PERES, J.F.P; SIMÃO, M.J.P. & NASELLO, A.G. **Espiritualidade, religiosidade e psicoterapia**. Revista de Psiquiatria Clínica, São Paulo, V. 34, Nº 1: 136-145, 2007.

PETRIBU, K. Comorbidade no transtorno obsessivo-compulsivo. **Revista Brasileira de psiquiatria**. Faculdade de Ciências Médicas da UFPE. Vol.23 (2) out Recife, 2001.

PIETROVSKI, E. F. e Mayer, B. **Farmacologia Aplicada à Dependência**. Curso Técnico do Instituto Federal do Paraná – EaD. Programa ETEC-Brasil, 2012.

PORTELLA, E. N., Psicoterapia de grupo em psicóticos. **Jornal brasileiro de psiquiatria**, v. 13(3), p. 317-329, jul./set., 1998.

PROCÓPIO, A. **O Brasil no mundo das drogas**. Petrópolis: Vozes, 1999.

QUIVY, R.; CAMPENHOUDT, L.V. **Manual de Investigação em Ciências Sociais**. 2. ed. Coleção Trajectos. Lisboa: Gradiva, 1998.

RAMOS, S. P. & BERTOLOTE, J.M. (Orgs). **Alcoolismo hoje**. 3.ed.Porto Alegre: Artes Médicas, 1997.

REZENDE, M. M. **Modelos de análise do uso de drogas e de intervenção terapêutica**. Algumas considerações. Departamento de Psicologia da Universidade de Taubaté. **Rev. Biociênc. Taubaté** (1): v.6, p.49-55, jan-jul: 2000.

RIBEIRO, D. **Estudos de antropologia da civilização**: As Américas e a civilização, processo de formação e causas do desenvolvimento desigual dos povos americanos. Petrópolis: Vozes, 1977.

ROEHE, M.V. -**Experiência religiosa em grupos de autoajuda**: o exemplo de neuróticos anônimos. Psicologia em Estudo 9(3), p. 399-407, 2004.

ROSA, F.A.M. **Patologia Social**: Uma introdução ao estudo da desorganização social. Rio de Janeiro: Zahar, 1982.

ROUSSEAU, J. J. Emílio. 1. ed. Buenos Aires: Colección Tecniboock Ediciones. E-Boock, 2011.

SÁ. C. P. de . **Núcleo central das representações sociais**. São Paulo: Vozes, 1996.

SANCHEZ, A. M. T. e SANCHEZ, W. F. **O Consumo da Maconha no Curso de 2º. Grau**: um estudo exploratório. São Paulo: EPU< 1982.

SANCHEZ, Z. M.; OLIVEIRA, L. G.; NAPPO, S.A. Fatores protetores de adolescentes contra o uso de drogas com ênfase na religiosidade. **Ciência & Saúde Coletiva** 9(1): 43-55, 2004.

SANCHEZ, Z. M. **As práticas religiosas atuando na recuperação de dependentes de drogas**: a experiência de grupos católicos, evangélicos e espíritas. Tese de Doutorado. Departamento de Psicobiologia. Universidade Federal de São Paulo. São Paulo, 2006.

SANCHEZ, Z. V. M. & NAPPO, S.A. **A religiosidade, a espiritualidade e o consumo de drogas**. Revista de Psiquiatria Clínica, 34(1), p. 73-81, 2007.

SANCHEZ, Z. V. M. & NAPPO, S.A. Fatores protetores de adolescentes contra o uso de drogas com ênfase na religiosidade. **Ciências Saúde Coletiva, 9(1), p. 43-45, 2004.**

SECCO, A. O poder dos barões do tráfego. **Revista Veja**. São Paulo: v. 32, 8 dez. 1999.

SEIBEL, S. D. **Dependência de drogas**. 2. ed. São Paulo: Atheneu, 2010.

SIELSKI, F. **Filhos que usam drogas**: guia para os pais. Curitiba. Adrenalina, 1999.

SILVA, L. V. E. R. ; MALBERGIER, A.; STEMPLIUK, V. A.; ANDRADE, A. G. – Fatores associados ao consumo de álcool e drogas entre estudantes universitários. **Revista de Saúde Pública** 40(2): 280-288,2006.

SILVA, C.J. & SERRA, A.M. Terapias Cognitiva e Cognitivo comportamental em dependência química. **Revista Brasileira de Psiquiatria, v. 26(1), p. 34, maio 2004.**

SIQUEIRA, J. E. **Por uma sociedade sem droga**s. Londrina: UEL, 1997.

SITTON. T. et. al. **História oral**. 2. ed. México: Fundo de Cultura Econômica, 1996.

SITTON, T.; MEHAFFY, G. L.; DAVIS JR., O. L. **História oral**. México Fondo de cultura econômica: 1995.

SPINK, M.J.P. O discurso como produção de sentido. In: **Novas contribuições para a teorização e pesquisa de representação social**. Coletânea da ANPEPP, v. 1, n. 10, set. 1996.

SOLLERO, L. **Farmacodependência**. Rio de Janeiro: Agir, 1987.

SOUZA, P. L. R.; TILLMANN, I. A.; HORTA, C. L.; OLIVEIRA, F. M. - A religiosidade e suas interfaces com a medicina, a psicologia e a educação. **Psiquiatria e Prática Médica,** 34(4), p. 112-117, 2001.

TIBA, I. **Puberdade e Adolescência**: Desenvolvimento biopsicossocial. São Paulo: Ágora, 1985.

_____. Disciplina, limite na medida certa. São Paulo: Gente, 1996.

_____. **Quem ama, educa**. São Paulo: Gente, 2002.

THOMPSON, D. D. Gênesis. In: **Bíblia**. cap. 9, vers. 20. Flórida (EUA): Vida, 1996.

TRINDADE, E. M. V. **Filhos de Baco:** Adolescência e Sofrimento Psíquico Associado ao Alcoolismo Paterno. 2007. 201 f. Tese (Doutorado em Psicologia) Universidade de Brasília – UnB. Brasília, 2007.

VALA, J. A análise de conteúdo. In: SANTOS SILVA, A.; MADUREIRA PINTO, J. (Eds.). Metodologia das Ciências Sociais. Porto: Afrontamento, 1986.

VICTÓRIA, C. G. KNAUTH DR, HASSEN M. N. **Pesquisa qualitativa em saúde**. Porto Alegre: Tomo Editorial, 2000.

VICTÓRIA, C. G.; KNAUTH, D. R.; HASSEN, M. N. **As bases anatômicas e funcionais do exercício da sexualidade**. São Paulo: Iglu, 1997.

VIZZOLTO, M. S. **A droga, a escola e a prevenção**. Petrópolis: Vozes, 1987.

WILKERSON, D. **A cruz e o punhal**. Belo Horizonte: Betânia, 1971.

WINTER, T. R. **O enigma da doença**. São Paulo: Casa do Psicólogo, 1997.

WHITE, W. L. Addiction recovery mutual aid groups: an enduring international phenomenon. **Addiction**, 99, p. 532-538, 2004.

YOUNG-SOWERS, M. L. **Crise espiritual:** verdadeiro significado das perdas das enfermidades e dos grandes sofrimentos da vida. São Paulo: Cultrix, 1997.

YUNES, M. SZYMANSKI, H. Resiliência: noção, conceitos afins e considerações críticas. In: TAVARES, J. (Org.) **Resiliência e educação**. 2. ed. São Paulo: Cortez, 2001. p. 13-42.

ZEKCER, I. **Adolescente também é gente**. São Paulo: Summus, 1985.